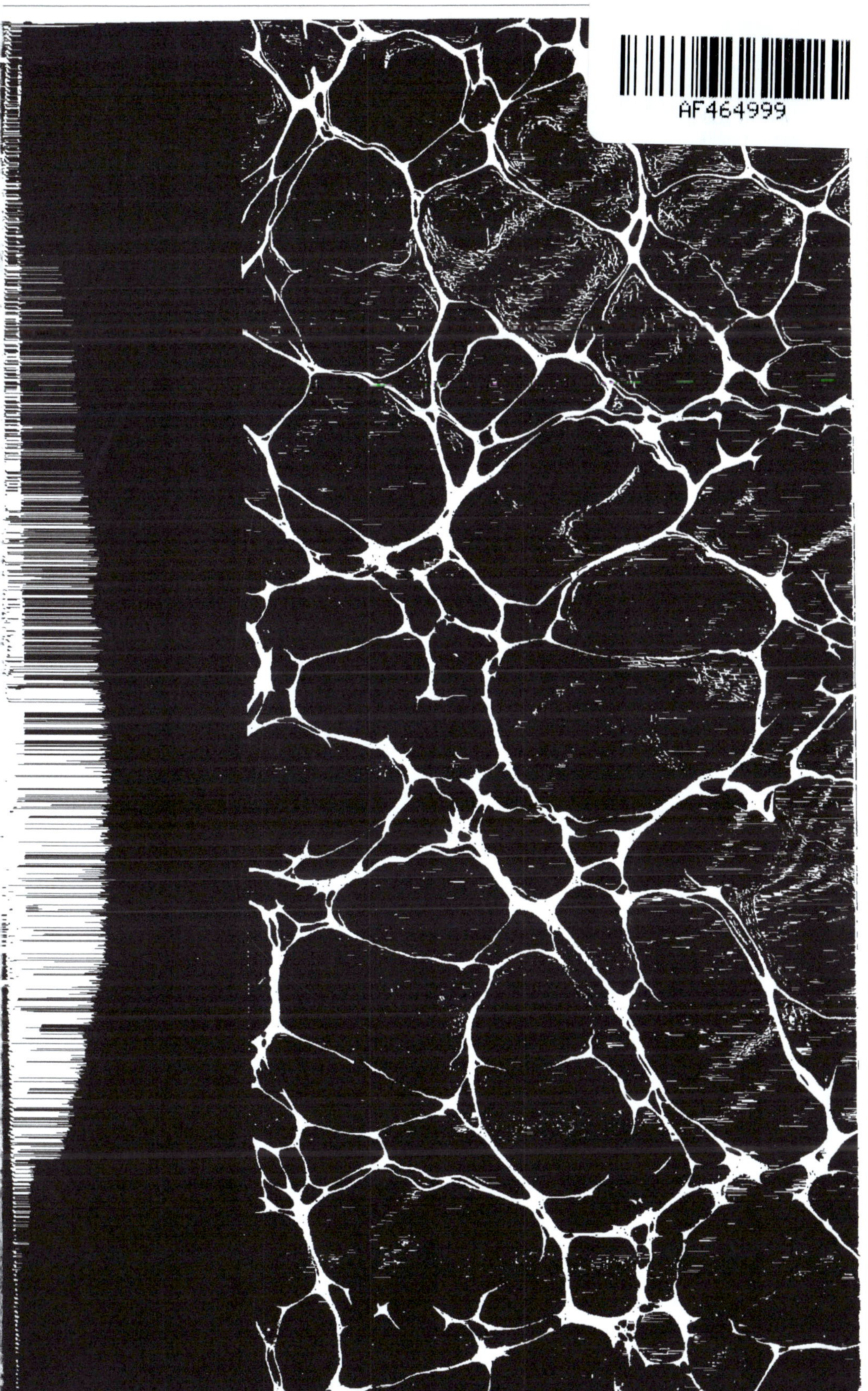

L.

HISTOIRE ANCIENNE,

OU

PREMIÈRE PARTIE

DE

L'HISTOIRE

DES

HOMMES.

HISTOIRE
DES
HOMMES,
OU
HISTOIRE
NOUVELLE
DE TOUS LES PEUPLES DU MONDE,
PARTIE DE L'HISTOIRE ANCIENNE.

TOME VI.

A PARIS.

M DCC. LXXX.
Avec Approbation, & Privilége du Roi.

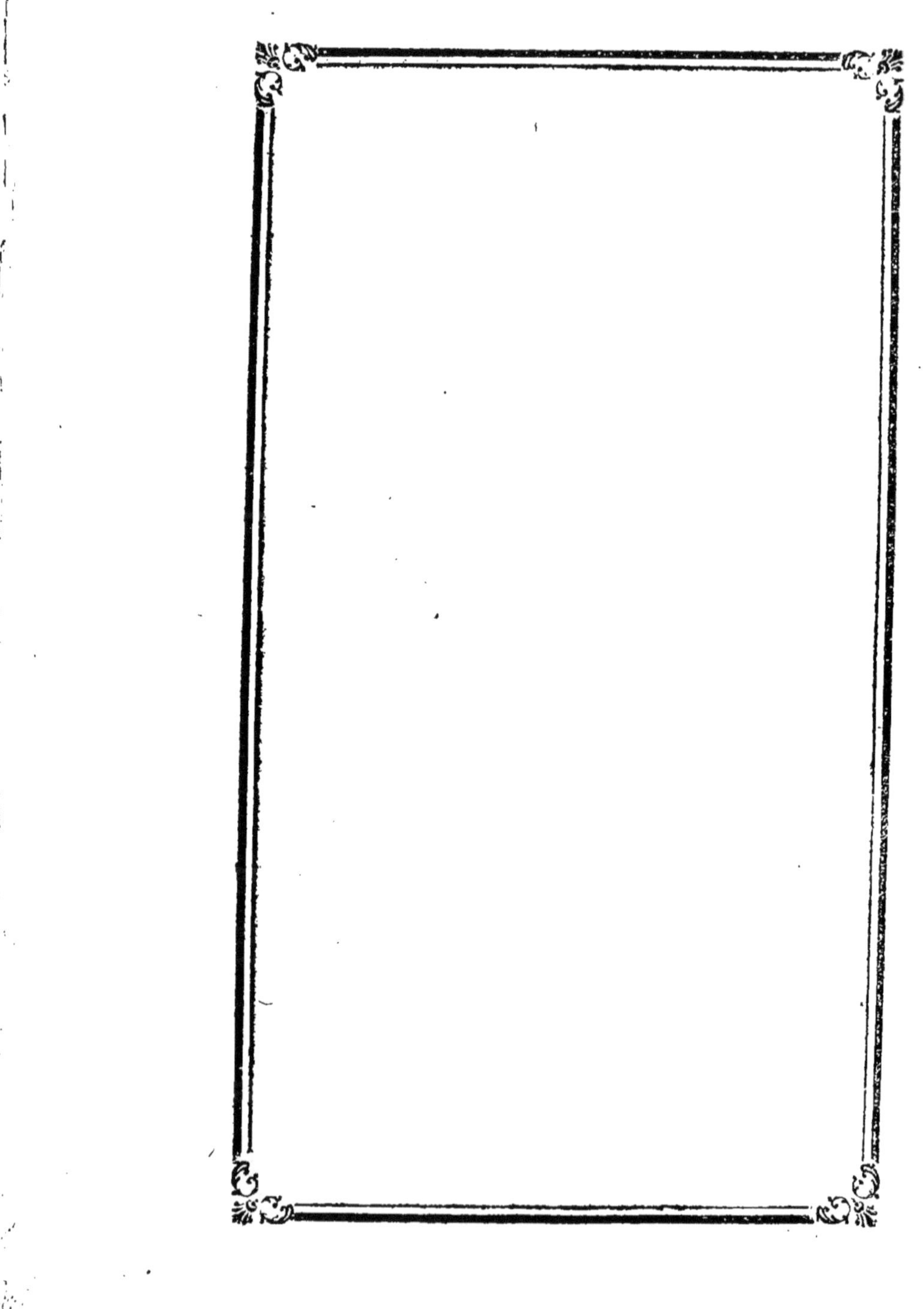

HISTOIRE

DES PERSES.

LE grand Etat dont nous allons nous occuper, a, de tems immémorial, ſubi le joug du deſpotiſme ; cependant il s'y eſt rencontré de tems en tems des hommes, même parmi les Deſpotes ; ainſi le Philoſophe peut en lire l'Hiſtoire.

Nous avons porté le flambeau de la critique ſur un grand nombre de préjugés hiſtoriques, conſacrés également par la crédulité des tems de barbarie, & par l'enthouſiaſme des ſiècles de lumière : nos recherches nous ont conduits à expoſer à la vénération des peuples les buſtes de quelques Sages enſévelis dans la pouſſière, & à renverſer certaines ſtatues de grands hommes, de leurs piédestaux; mais si le monde que nous dessinons paraît nouveau aux yeux des Lecteurs, c'est que la plûpart des Histoires universelles répétant les unes après les autres des fables insipides & des faits dignes d'être oubliés, nous ne pouvions guères nous rencontrer que dans des titres de chapitres; nous écrivons pour ce petit nombre d'hommes éclairés qui mènent leur siècle, & qui dictent à la postérité le jugement qu'elle doit porter des ouvrages de leurs contemporains; ils nous sauront quelque gré, peut-être, de mettre à sa place l'homme qui n'est plus, & de dire toute vérité à ceux qui le remplacent, sans blesser le pacte qui les enchaîne à Dieu & aux Gouvernemens.

GÉOGRAPHIE DE LA PERSE.

L'ÉTENDUE de la Perſe a ſingulièrement varié, depuis l'origine de ſa population juſqu'à nos jours; ce qui vient de cette foule de Conquérans dont elle a ſubi ſucceſſivement le joug. La Perſe primitive était très-bornée; elle ne cauſait aucun ombrage aux Monarques de Ninive & de Babylone; Cyrus la tira de ſon obſcurité, & fit de la Capitale de ſon Empire, la Métropole de l'Aſie; cette grandeur ne dura que deux ſiècles; Alexandre parut, & l'héritage de Cyrus devint une province de la Macédoine; les Parthes, les Arabes, les Tartares ont dans la ſuite changé encore la face de cette contrée, & même depuis que les Sophis en ſont les maîtres, ſes frontières ont été circonſcrites ou reculées ſuivant qu'elle a eu pour Souverains des eſclaves couronnés, ou des hommes à grand caractère, des Scah-Hussein ou des Kouli-Kan.

La Perse proprement dite, s'il en faut croire Oléarius, le Philosophe Chardin, le Consul Peyssonel, & sur-tout le Savant Danville qui les rectifie (*a*), peut avoir environ 600 lieues d'Occident en Orient, & 400 du Midi jusqu'aux confins de la Géorgie & aux rivages de la mer Caspienne; on la voit bornée à l'Orient par l'Empire du Mogol, & à l'Occident par les possessions des Sultans de Constantinople en Asie; ses limites au Midi sont le golphe auquel elle a donné son nom, & qui la sépare de la grande péninsule occupée de tout tems par les Arabes.

Le nom de Perse est très-moderne.

(*a*) Voyez sur cette Géographie de la Perse les relations d'Oléarius, d'Herbert, de le Bruin, du P. Avril & de Bernier, sur-tout les Voyages exacts de Chardin, l'*Essai sur les troubles de Perse* du Consul de Smyrne, Peyssonel & le Tome 2 de la *Géographie ancienne* du respectable Danville.

Dans les ſiècles les plus reculés l'Empire de Cyrus portait le nom d'Artée (*a*) & de Fars (*b*); la Bible l'appelle tantôt Elam, tantôt Paras (*c*). S'il en faut croire Hérodote, c'eſt le pays des Céphènes, & l'ingénieux Ovide veut que ce ſoit celui des Achœmènes (*d*); l'étymologie de preſque tous ces noms eſt plus qu'obſcure, & le ſilence des Savans, à cet égard, n'eſt pas une perte pour la raiſon.

LA SUSIANE, la première province de l'ancien Empire des Perſes, répond à notre Khuſiſtan; elle s'étendait des confins de la Médie juſqu'au golphe Perſique. Le Tygre & le Paſitygre (aujourd'hui le Tab) la ſéparait du Royaume de Babylone.

Cette contrée était coupée en deux par le fleuve Oulaï, aujourd'hui le Kohaſp,

(*a*) Hyde *de Relig. Veter. Perſar.* pag. 413.

(*b*) *Biblioth. Orient.* de d'Herbelot *Paſſim.*

(*c*) *Genèſe*, cap. 10, *Daniel*, cap. 6.

(*d*) *De arte Amandi*, lib. 1.

dont la ſource ſe trouve à la montagne Jaune, ainſi que le Zenderou qui coule au milieu d'Iſpahan ; ce fleuve de la Suſiane communique avec le Paſitygre, &, après un cours plein de ſinuoſités, ſe jette par pluſieurs embouchures dans le golphe de Perſe ; ſon eau eſt ſi limpide & ſi ſaine, qu'on n'en préſentait pas d'autre aux Rois ſucceſſeurs de Cyrus.

Pluſieurs peuples habitaient la Suſiane ; tels étaient les Elyméens, qui, après la conquête d'Alexandre, ſe rendirent indépendans de ſes ſucceſſeurs; les Uxiens, dont le nom s'eſt conſervé dans le territoire d'Aſciac, & les Khuſiens, qui ont probablement donné leur nom au moderne Khuſiſtan.

C'eſt dans la Suſiane qu'on avait bâti la fameuſe ville de Suſe, long-tems Métropole de l'Empire des Perſes ; les Rois y faiſaient leur réſidence pendant l'hiver ; car l'été ils préféraient le ſéjour d'Ecbatane.

LA PERSIDE, qui a donné, ſans

doute, ſon nom à l'Empire entier, ſe trouve entre la Médie, la Suſiane, la Caramanie & le golphe de Perſe; l'Araxe & le Médos ſont les principaux fleuves qui l'arroſent; ils s'uniſſent, avant de ſe jetter dans le lac de Baktéghian: lac ſalé & parfaitement inconnu à toute l'antiquité (*a*). Il eſt évident que ce ſont les reſtes du ſéjour de la mer ſur les plaines de la Perſide, avant la fondation de ſa Monarchie.

On ne ſait ſi le Cyrus dont parle Strabon eſt l'Araxe ou le Médos, ou s'il faut en faire un fleuve particulier; dans la première hypothèſe, qui eſt auſſi la plus naturelle, le Cyrus, ainſi nommé par l'adulation des Perſes, ou par leur reconnaiſſance, ne ſignifierait que le fleuve de Cyrus.

Il eſt certain du moins que la tribu des Achéménides, d'où Cyrus tirait ſon

(*a*) *Géographie ancienne* de Danville, tome 2, pag. 274.

origine, cultivait les plaines fécondées par le Médos & par l'Araxe; c'était non loin de ses rives qu'on avait bâti Pasagarde, une des villes royales des Perses, où on éleva dans la suite le tombeau du Conquérant de Babylone.

Cette Perside avait encore le privilége d'avoir dans son sein Persépolis, capitale de la Perse sous le Darius qui fut détrôné par Alexandre, ville dont les ruines célèbres pourront occuper quelque place dans cette Histoire des Hommes.

L'*Aspadana* de Ptolémée a donné, à ce qu'on prétend, son nom à Ispahan, qui n'est devenu que sous le Sophi Scah-Abbas la capitale de la Perse.

Pline place aussi dans la Perside une Ecbatane différente de la Métropole de la Médie; cette Ecbatane Perse était célèbre par une espèce d'Académie de Mages; ce qui conduit à croire que la ville de Gnerden a été bâtie sur ses ruines; les Parsis, en effet, de tems immémorial, y ont un grand Pontife & un

Pyrée ſur une montagne voiſine, où ils entretiennent le feu ſacré, emblême de l'intelligence ſuprême qui vivifie la nature.

LA CARAMANIE. Les limites de cette province ſemblent fixées par Néarque, Amiral de la flotte d'Alexandre; il la ſépare de la Perſide par l'ancienne Iſle *Catœa*, aujourd'hui Keish, & de la Gédroſie par le promontoire *Carpella*, maintenant le cap de Jask. La Caramanie ne tenait autrefois un rang dans la Perſe, que par le commerce qui ſe faiſait ſur ſes côtes maritimes; on parle de ſon Iſle d'Ogyris (*a*), où on voyait le tombeau d'un Roi Erythras, qui, dans des tems très-reculés, donna ſon nom à la mer Erythrée; c'était un rocher ſtérile couvert de ſel, & dépourvu d'eau douce. Il y a environ deux cents ans qu'un Conquérant Arabe

---

(*a*) On l'appelle enſuite *Gerun*; les Romains la connurent ſous le nom de *Tyrus*, & ce n'eſt que depuis quelques ſiècles qu'elle a pris le nom d'Iſle d'Ormuz.

le vivifia, en y bâtiſſant une ville d'Ormuz, qui fut le centre d'un Empire particulier juſqu'à l'invaſion d'Albuquerque.

Vis-à-vis Ormuz, ſur le continent, était une ancienne ville d'*Harmozia*, qui occupait la place du port qu'on appelle aujourd'hui dans le pays Gomron, mais que nous connaiſſons encore mieux ſous celui de Bender-Abaſſi. Cette extrémité de la Caramanie ne ſemblait pas deſtinée par la nature pour être habitée; des rochers taillés à pic y préſentent de tout côté à l'œil effrayé leurs cîmes inacceſſibles; on ne reſpire dans le vallon qu'un air embraſé qui anéantit la végétation dans ſon germe; auſſi les anciens habitans d'Harmozia quittèrent-ils de concert la ville qu'habitaient leurs pères, pour jouir d'un ciel moins contraire à l'Iſle d'Ogyris; mais malgré tous ces vices du climat, le grand Scah-Abbas ſentit tout le parti qu'il pouvait tirer de la poſition de ce port à l'entrée du golphe de Perſe; il l'ouvrit aux navigateurs de l'Europe, &

peu à peu, ce qui n'avait été peut-être pendant mille ans qu'une vile retraite de pêcheurs, a fait tomber la gloire d'Ormuz, & est devenu l'entrepôt du commerce des Indes.

L'intérieur de la Caramanie n'est guères aujourd'hui qu'un vaste désert de sables ; dans des tems plus heureux où cette partie de l'Asie était moins dévastée par les feux destructeurs du soleil, on y voyait un peuple nombreux, dont la capitale, sous le nom de *Carmana*, aujourd'hui Kerman, a donné son nom à toute la province.

LA GÉDROSIE s'étend des limites de la Caramanie jusqu'à l'Inde, & du bord de la mer, remonte dans le continent jusqu'aux frontières de l'Arachosie ; c'est le pays qu'on nomme aujourd'hui Mékran ; il est un de ceux de notre globe que la nature semble avoir le plus disgracié ; on n'y rencontre que des sables mouvans, dépourvus d'eau douce & de verdure, qui anéantirent une partie des armées innombrables de Cyrus & de

Sémiramis. Alexandre, qui ne doutait de rien, y fit aussi une marche longue & pénible, qui fut sur le point de lui devenir fatale; ce Conquérant trouva, sur sa route, une ville de *Rambacia*, qu'on croit être Ermajil; il traversa un défilé entre des montagnes voisines, que Ptolémée ne fait connaître que sous le nom générique de *Parsici Montes*, montagnes de la Perse, & termina sa marche par son séjour dans la ville de *Pura*, aujourd'hui Purg, & Métropole alors de la Gédrosie.

Les noms de quelques anciennes peuplades de la Gédrosie, se sont conservés jusqu'à nos jours; on reconnaît les Orites dans les habitans d'Haûr, les Arabites dans ceux d'Araba, & un canton de Sangada, voisin des bouches de l'Indus, dans les Sanganes; pour les nations qui bordaient les rivages de la mer, les Anciens ne les ont désignées que par le terme vague d'Ichtyophages.

L'Arie répond à notre Khorasan;

ſon nom vient probablement du fleuve que Pline appelle *Arius*, & que les Perſans nomment encore Héri; ce nom s'eſt tranſmis à la capitale de la province *Aria* chez les Anciens, & maintenant Hérat; l'Arius, du tems de Strabon, ſe perdait, comme notre Rhin, dans les ſables; on raſſembla probablement ſes eaux éparſes dans des canaux, &, au ſiècle de Ptolémée, il avait ſon embouchure dans un lac, qui pourrait être celui de *Z*eré, nommé ainſi d'une ville de Zaris, dont parle Ctéſias (*a*).

Les autres villes de l'ancienne Arie ne ſont guères connues que par la marche d'Alexandre; telles ſont *Bitaxa*, *Sariga* & *Suſia*, dont les noms ſe ſont très-peu altérés dans Badkis, Seraks & Zeuzan. Ce

(*a*) Ce n'eſt pas là l'opinion du célèbre Danville; mais il veut toujours juger de la Géographie ancienne par la nôtre; voilà le principe de quelques erreurs où le conduit ſa dialectique, d'ailleurs excellente.

Héros, arrivé aux bords du lac de Zeré, y bâtit une ville d'Alexandrie, qui avait encore quelqu'éclat au tems de l'Aſtronome Ptolémée.

LA DRANGIANE. Le vainqueur de Darius paſſa de l'Arie dans le pays des Zaranges ou la Drangiane, qui répond à notre Sigiſtan. Prophtaſie en était alors le chef lieu; elle a pris inſenſiblement le nom du peuple même qui y réſidait, & c'eſt aujourd'hui la ville de Zarang; l'*Etymander*, maintenant l'Hindmend, traverſe la contrée des Zaranges.

La Drangiane a dans ſon ſein une eſpèce de vallée de Tempé, appellée Mulebet, où eſt née, peut-être, la Fable Orientale du vieil de la Montagne: l'anecdote peut trouver ici ſa place, ne fût-ce que pour tempérer l'aridité de cette nomenclature (*a*).

Un petit Prince Muſulman, nommé

(*a*) Paul. Venet. dans la Compilation de Purchaſſ, B. 4, cap. 6, p. 317.

Aladin, s'était occupé à réunir dans la vallée de Mulebet, aux agrémens de la nature ſimple, toutes les richeſſes de la nature cultivée. Il ferma enſuite l'entrée de ce ſéjour enchanté par une fortereſſe ; quand il avait quelque grand projet à faire exécuter par des guerriers qu'il voulait rendre fanatiques, il s'y prenait d'une manière très-adroite ; il choiſiſſait des jeunes gens d'une imagination vive & d'une complexion ardente ; il aſſoupiſſait leurs ſens par le moyen d'un breuvage, & les faiſait tranſporter dans ſa vallée. A leur réveil, ces guerriers ſe trouvaient dans des boſquets délicieux, où ils reſpiraient l'air de la volupté ; de jeunes beautés à demi-nues s'offraient à leurs regards, & leur timide réſiſtance ne témoignait que le déſir qu'elles avaient d'être vaincues. Quand ces victimes du fanatiſme commençaient à ſuccomber ſous le poids des plaiſirs, on leur préſentait de nouveau le breuvage qui les avait aſſoupis, & on les tranſportait dans leur première demeure. Ils ne manquaient pas, en rouvrant les yeux à la lumière, de rapporter le ſonge dont leur ame était ſi délicieuſement occupée. Alors Aladin paraiſſait ; il parlait au nom du Dieu qui leur avait envoyé ſes houris, & il était bien sûr d'être obéi. Au reſte, les Hiſtoriens ne diſent pas que le Soudan de la Drangiane ſe ſervît des guerriers, dont il exaltait ainſi l'imagination, pour faire aſſaſſiner les Rois ; ce qui rend ſon exiſtence moins problématique que celle du vieil de la Montagne.

L'ARACHOSIE ſuccède à la Drangiane, le long des frontières de l'Inde ; Ptolémée y compte treize villes, mais leurs ruines même ne ſubſiſtent plus ; la principale était Arachotus, dont la fondation, ſous le nom de Cophes, eſt attribuée à Sémiramis ; le nom d'Arachotus s'eſt conſervé dans celui de Rokhage, ſuivant la Géographie de l'Orient. Alexandre, qui parcourut cette province en Conquérant, y bâtit auſſi une ville, à laquelle il donna son nom ; les Ecrivains de l'Asie l'appelle Scanderie d'Arrokage.

LE PAROPAMISE. Alexandre, de l'Arachosie, se rendit dans la Bactriane, & franchit, à cet effet, une des chaînes les plus élevées du Caucase, qui porte le nom de Paropamise ; cette partie de l'ancienne Perse dépend aujourd'hui de l'Inde, & forme ce que nous nommons le Royaume de Candahar ; on ne sait si la capitale de ce Royaume tire son nom du Conquérant, appellé par les Indiens Scander, ou de l'ancien mot Persan, Kohand, qui signifie forteresse.

L'HYRCANIE touche à la mer Caspienne, & répond à notre Mazandran ; cette province commence à l'embouchure de l'ancien fleuve Sider, aujourd'hui Ester, qui a donné son nom à la ville d'Estérabad.

Zadracarte paraît la ville la plus considérable de l'ancienne Hyrcanie, elle est qualifiée de ville Royale dans le Journal de l'Expédition d'Alexandre. Dans la ſuite Syringis, fameuſe par une expédition d'Antiochus III, Roi de Syrie, contre les Parthes, la remplaça; c'eſt celle que Ptolémée appelle *Hyrcania*, aujourd'hui Jorjan ou Corcan, nom qui ſe rapproche beaucoup de celui du Géographe-Aſtronome, ſur-tout quand on adopte la prononciation des Orientaux.

LA PARTHIÈNE eſt appellée aujourd'hui l'Irak-Agemi; elle eſt environnée de toutes parts de montagnes qui lui ſervent de limites naturelles; on croit que des Scythes, bannis de leur patrie, s'établirent dans cette province, & devenus dans la ſuite très-puiſſans, s'honorèrent du nom de Parthes, qui ſignifie, dans leur langue, *exilés* (*a*). Ptolémée compte, dans la Parthiène, vingt grandes villes, dont la plûpart ont été détruites par des tremblemens de terre; Niſe ou Parthanoriſe en était la Métropole; on y a vu longtems les tombeaux des Rois, ſucceſſeurs

(*a*) Cluvier, *Géogr.* lib. 5.

d'Arſace ; l'Ochus ou l'Oxus (*a*) coulait près de ſes remparts, avant de ſe rendre dans la mer Caſpienne.

LA MARGIANE eſt à l'Orient de la Parthiène, & confine à la Bactriane ; ſon nom lui vient du fleuve Margus, aujourd'hui Marg-ab ; c'eſt un des pays les plus fertiles du globe. On prétend (ce qu'il eſt aſſez difficile de croire) que deux hommes peuvent à peine embraſſer ſes ſeps de vigne, & que les grappes qu'ils portent ont juſqu'à deux coudées, ou deux pieds dix pouces de hauteur. Alexandre, enchanté de la beauté de ce climat, y bâtit une des ſix villes qui portaient ſon nom en Aſie. Antiochus Soter ſe plut à l'embellir, & l'enferma, (ſans doute, avec une partie de la plaine où elle était ſituée) par rempart de 1500 ſta-

(*a*) Les Perſans ont prodigieuſement dénaturé ſon nom en l'appellant Ruth-Khane-Kurkan. *Voyag. de Tavernier*, lib. 4, chap. 1. Les anciens Géographes de l'Europe le nomment le Gihon. *Géogr. ancienne*, tome 2, pag. 301.

des (*a*); dès-lors Alexandrie prit le nom d'Antioche.

LA BACTRIANE s'étend le long de la rive méridionale de l'Oxus, qui la ſépare de la Sogdiane ; elle eſt bornée au Midi par la chaîne du Caucaſe, qu'on connaît ſous le nom de Paropamiſe. C'eſt un des pays du globe le plus anciennement peuplés ; on a dit qu'avant même la grande ſplendeur de Babylone, il renfermait dans ſon ſein plus de mille villes (ce mot de *mille* ne déſigne qu'un nombre extraordinaire dans les Grammaires de l'Orient). Quoiqu'il en ſoit de cette eſpèce de paradoxe, la Bactriane, comme nous l'avons vu, était déja un Royaume floriſſant avant l'invaſion de Ninus ; elle tomba, avec le reſte de la Perſe, ſous le pouvoir de Cyrus ; mais dans le tems de la domination des Rois Parthes, elle ſçut conſerver ſon indépendance.

Bactres, connue auſſi ſous le nom de

(*a*) Strabon, *Géogr.* lib. 11.

Zariaſpa, était la capitale de la Bactriane; c'eſt la ville moderne de Balk, où les Patriarches des Mages ſemblent de tout tems avoir fait leur réſidence.

HISTOIRE NATURELLE DE LA PERSE.

LA température n'eſt point la même dans toute l'étendue de la Perſe, à cauſe de ſa vaſte étendue; dans les provinces du Midi, il n'y a point d'hiver; au contraire, il eſt très-long vers les montagnes de la Médie. C'eſt au centre de cet Empire qu'on retrouve la nature dans toute ſon énergie & toute ſa magnificence; tout y annonce un ciel bienfaiſant & une terre fertile; le ſoleil achève ſon cours comme il l'a commencé, ſans nuages qui interceptent ſa lumière; il ne s'élève du ſol que ſes feux vivifient, aucune de ces exhalaiſons ſulphureuſes qui allument le tonnerre; toutes ſortes de plantes, de fleurs & d'aromates, inconnues dans nos climats, ſe reproduiſent pluſieurs fois l'année dans cétte contrée heureuſe, & trompent l'attente du Conquérant qui la dévaſte.

L'air, en particulier, est si pur au milieu de la Perse, qu'aucun fluide exposé à ses impressions, ne s'y altère ; les vases où on renferme le vin à Ispahan, ne se bouchent qu'avec une rose ou un œillet. C'est à la pureté de cet air que les hommes qui habitent ce beau climat doivent cette fraîcheur de teint, cette santé constante, & sur-tout ces formes heureuses qu'on ne retrouve plus chez nos Européens, que dans les statues des Salmacis & des Antinoüs.

La sécheresse de l'air, au centre de la Perse, fait que le pays n'est point sujet à la plûpart de nos météores ; on n'y voit point, en particulier, les sept couleurs primitives se nuancer & se fondre dans un arc-en-ciel ; mais comme le fluide électrique, répandu dans toutes les parties de l'atmosphère, n'en a que plus de force, l'obscurité profonde des nuits d'été est souvent éclairée par les feux variés des aurores boréales.

L'air s'altère par degrés, à mesure qu'on

approche de la mer Caſpienne ou du golphe Perſique ; à ces deux extrémités de l'Empire, des exhalaiſons fœtides s'élèvent de la fange des marécages, & les vents qui s'en chargent, portent par-tout l'épidémie & la mort. Parmi ces vents peſtilentiels, il y en a un qu'on redoute beaucoup le long du golphe ; on l'appelle Samiel ; c'eſt lorſque l'air eſt embraſé par les feux du ſoleil qu'il prend naiſſance ; il ne s'élève point par degrés, mais tout-à-coup il prend la violence d'un ouragan, il parcourt la plaine en ſifflant avec grand bruit, & étouffe en un inſtant tous les êtres animés qu'il peut atteindre ; l'infortuné que le Samiel empoiſonne, tombe en diſſolution ſans rien perdre ni de ſa figure, ni de ſa couleur ; le voyageur qui le rencontre, le croit endormi, mais s'il le touche, il voit ſes membres tomber en pouſſière (*a*). Il n'y a rien de ſi terrible

(*a*) Chardin, édit. in-12, tome 4, pag. 22.

dans les breuvages vénimeux des Locuſte & des Brinvilliers.

Ces frontières de la Perſe ne ſont, à cauſe d'un pareil abandon de la nature, que des déſerts inhabités; l'intérieur même du pays, par le défaut de pluies, admet peu de culture; les plaines que des rivières fécondent, ſont preſque les ſeules où la végétation s'anime; encore ſont-elles en très-petit nombre; on n'y voit que l'Araxe de navigable; on ſait que ce fleuve prend ſa ſource au pied du mont Ararat, en Arménie, & qu'après un cours plein de ſinuoſités, il va ſe jetter dans la mer Caſpienne.

Les anciens Perſes, plus actifs, plus laborieux que nos eſclaves énervés des Sophis, dans les contrées même les plus arides, ſavaient, par d'utiles travaux, forcer une nature marâtre à la fécondité; ils creuſaient au pied des montagnes, & quand ils rencontraient des ſources abondantes, ils conduiſaient leurs eaux épurées dans un eſpace de dix lieues par des canaux ſouterreins de neuf pieds de profondeur ; ces canaux s'appellaient des *Kériſes* ; on a compté juſqu'à quarante-deux milles Kériſes dans la ſeule province du Khoraſan.

A ces travaux particuliers, les Souverains joignaient des monumens publics propres à encourager l'agriculture ; tels étaient des canaux qui portaient au loin les eaux ſurabondantes des rivières ; on perçait, à grands frais, des montagnes, & on élevait des aqueducs ſur les terreins bas, afin de conſerver le niveau ; tous ces grands ouvrages, qui prouvent juſqu'à quel point de perfection on avait porté autrefois l'architecture hydraulique en Perſe, ſont aujourd'hui en ruines, & diverſes cauſes ont contribué à cette décadence.

D'abord la population n'eſt plus la même dans cette partie de l'Aſie, qu'elle l'était ſous les ſucceſſeurs de Cyrus ; & il faut l'attribuer non-ſeulement à l'augmentation de chaleur qu'a éprouvé le centre du globe depuis cette époque, mais encore aux guerres perpétuelles dont cet Empire eſt le théâtre, & à l'inertie qu'inſpirent la Religion & le Gouvernement.

Les Parſis, qui au travers d'un ſi grand nombre de ſiècles nous ont tranſmis preſque dans toute ſon intégrité le culte du premier Zoroaſtre, avaient à cet égard un dogme bien favorable à l'économie politique; ils diſaient que défricher un champ & engendrer un homme, étaient les actions les plus méritoires aux yeux de l'Ordonnateur des mondes; il s'en faut bien que la philoſophie Mahométane ſoit auſſi ſociale; le Muſulman, avec ſon opinion du fataliſme, ne travaille que pour jouir du moment; la vie pour lui eſt un grand chemin où il ne faut s'occuper que du ſoin de trouver une bonne hôtellerie.

Quoique les Perſans modernes ne ſoient pas cultivateurs, on trouve encore dans les régions de cet Empire, dont le ſol n'eſt pas tout-à-fait embraſé, une foule de végétaux qui prouvent la fertilité naturelle du terroir. Le froment, le ris, & la plûpart des légumes de l'Europe y parviennent d'eux mêmes à toute leur maturité; le melon, ſi dangereux dans nos climats, eſt un des alimens les plus ſains de cette partie de l'Aſie. Le Chevalier Chardin, qui ne rapporte que ce qu'il a vu, dit que des Perſans en mangent juſqu'à trente-cinq livres dans un repas, ſans qu'un pareil excès ſoit ſuivi de la plus légère indigeſtion.

Le raiſin vient à merveilles dans la Perſe; on en compte environ quatorze eſpèces, toutes très-eſtimées; les plus renommés ſont ceux dont la peau eſt rouge ou noire, ou avec une teinte de violet; ceux-là ont des grains de la groſſeur de nos noix; les Parſis cultivent le raiſin avec ſoin, parce que le vin n'eſt pas défendu dans la Religion de Zoroaſtre.

La datte de Perſe eſt excellente, &

produit un ſirop ſupérieur au miel vierge ; elle croît, en forme de grappes, au haut du palmier.

Preſque toutes les provinces de cet Empire ont des fruits particuliers qu'elles cultivent de préférence ; on diſtingue les dattes de Caramanie, les grenades de Schiras, les oranges de l'Hyrcanie, les pêches & les piſtaches de la Bactriane ; l'abondance des alimens de ce genre eſt telle, qu'on en voit quelquefois de cinquante ſortes différentes ſur la table des Apicius (*a*).

Toutes les fleurs de nos climats ſemblent indigènes à la Perſe ; le Mazandran n'eſt qu'un vaſte parterre, de Septembre en Avril ; on voit dans l'Hyrcanie des forêts entières d'orangers ; il y a autour d'Iſpahan des touffes innombrables de roſiers qui donnent des roſes jaunes, blanches & rouges à-la-fois. La plus belle fleur de ce climat fortuné eſt inconnue à l'Europe ; c'eſt le Gulmikek ;

(*a*) Voy. de Chardin, tome 3, pag. 23.

chaque tige en porte une trentaine, arrangées en cercle, & de la forme d'un clou de gérofle; sa couleur est d'un ponceau très-vif; rien n'égale le parfum qu'elle répand autour d'elle; les Commentateurs de l'Alcoran promettent aux Musulmans fidèles qu'ils cultiveront le Gulmikek avec les houris, dans les intervalles de leurs jouissances.

Parmi les plantes dont s'honore la Perse, on cite le tabac, le coton & un petit arbrisseau qui fournit un duvet de soie; le pavot, sur-tout, est une de ses plus riches productions; il monte, dit-on, jusqu'à la hauteur de quarante pieds; c'est en faisant une incision à la tête de la fleur qu'on retire le suc épaissi dont on forme l'opium; on s'occupe de ce travail avant le lever du soleil, & telle est la force de la vapeur que le pavot exhale, que l'ouvrier qui se condamne à ce métier dangereux, le visage livide, le corps décharné & les mains tremblantes, reſſemble moins à un homme qu'à un cadavre.

Les arbres réuſſiſſent en Perſe auſſi bien que les plantes; les cyprès, les palmiers, les ſaules, les ſapins, les cornouilliers & les platanes y acquièrent une hauteur & un volume dont nos campagnes les plus fertiles ne nous offrent point d'idée; le platane, ſur-tout, à qui les Phyſiciens de l'Orient attribuent une vertu anti-peſtilentielle; on en a planté des allées dans la plûpart des rues d'Iſpahan, & depuis ce tems-là, dit-on, on n'y a point vu d'épidémies.

La Minéralogie devrait occuper beaucoup l'induſtrie de la Perſe, car c'eſt une des contrées de l'Aſie qui renferme le plus de montagnes, & l'on ſait que c'eſt dans leur ſein que ſe forment ces lentes productions de la nature, qu'on déſigne ſous le nom de métaux & de minéraux; une ſeule chaîne du Caucaſe, le Taurus, traverſe la Perſe dans ſa plus grande longueur du Nord au Midi; le pic le plus élevé de cette chaîne eſt le mont Damoan, eſpèce de volcan qui brûle la nuit comme le Véſuve; on prétend que ceux qui ont la hardieſſe de monter ſur le Cratère, d'où ſes feux s'exhalent, découvrent de cette éminence la mer Caſpienne, qui eſt éloignée de quarante lieues.

Il ne paraît pas que les anciens ſe ſoient beaucoup occupés à exploiter les mines cachées dans les entrailles des montagnes de la Perſe; on n'a même commencé à cultiver cette grande branche du commerce, que depuis le règne du Sophi Scah-Abbas; aujourd'hui le Gouvernement tire un grand parti des mines de fer de l'Hyrcanie & de la Bactriane, de celles de plomb qu'on a découvertes auprès de Kirman, & de celles de cuivre qui ſe trouvent dans les montagnes du Mazandran.

Les mines les plus fécondes de la Perſe ſont celles d'acier; ce métal ſemble d'une autre nature que le fer; le ſoufre dont il eſt impregné, fait qu'en jettant ſa limaille ſur le feu, on l'y voit pétiller comme de la poudre à canon; ſi on l'expoſe au four de Verrerie, il ſe décompoſe & devient comme du charbon; cette ſorte d'acier eſt de la plus grande fineſſe; il a la dureté du diamant, & la fragilité du verre; mais comme les Perſans ne ſavent pas lui donner la trempe qui lui convient, les ouvrages de leurs Artiſtes n'ont jamais la délicateſſe de ceux qui ſortent des manufactures de France & d'Angleterre.

On n'a point rencontré de mines d'or dans les montagnes de Perſe; il y en a quelques-unes d'argent dans le Mazandran, mais la diſette de bois a toujours empêché de les exploiter.

La production des minéraux accompagne ordinairement celle des métaux. On tire le ſalpêtre d'une montagne de Damavend, qui ſépare l'Hyrcanie de la Parthiène; le ſoufre & l'alun ſemblent ſi indigènes à la Perſe, qu'on y trouve des plaines de pluſieurs lieues qui en ſont couvertes. Outre le ſel qu'on ſe procure par l'évaporation ſur les côtes du golphe Perſique & de la mer des Indes, il y en a des mines abondantes dans la Médie, qu'on tranſporte par blocs comme des pierres de taille; ce ſel foſſile eſt même ſi compact & ſi dur dans les déſerts de la Caramanie, qu'on s'en eſt ſervi quelquefois pour bâtir de grands édifices.

Le naphte de la Perſe ne vaut pas celui de la Chaldée; mais en revanche, elle poſsède une autre eſpèce de ſubſtance lapidifique infiniment plus précieuſe, s'il faut ajouter quelque foi à la Médecine de l'Orient; il s'agit ici de ſon *moum*, connu en Europe ſous le nom de baume de Mumie; ce ſuc admirable, appliqué ſur le corps humain, guérit radicalement les plaies les plus dangereuſes, & même les fractures. Les roches qui diſtillent ce baume appartiennent au Gouvernement, & tout le moum qu'on recueille eſt dépoſé au Tréſor-Royal, où il tient une place plus utile que de vains métaux, ſur-tout ſi on le laiſſe circuler dans le public pour les beſoins de la multitude.

L'ardoiſe ſe travaille dans les environs d'Hamadan ; on rencontre ailleurs des carrières de marbre ; le plus beau eſt celui de Tauris ; il eſt blanc, nuancé de verd, & tranſparent comme du cryſtal de roche. Il y a auſſi des pierres précieuſes en Perſe ; la plus célèbre eſt le *Phirouze* de l'Orient, que nous connaiſſons ſous le nom vulgaire de Turquoiſe ; on la trouve en particulier dans le ſein d'une montagne qui ſépare la Parthiène de l'Hyrcanie, & qui en a pris le nom de Phirouz-cou ; le Roi ſeul fait exploiter cette mine, ainſi les plus belles Turquoiſes de l'Orient reſtent enſévelies dans ſon Tréſor.

Les Sophis tirent un peu plus de parti de la fameuſe pêche des perles qu'ils font faire ſur le golphe Perſique, & qui leur vaut tous les ans près de quatre millions.

C'eſt dans l'Iſle de Baharem qu'on pêche les perles: depuis tant de ſiècles qu'on s'en occupe, le banc qui les fournit n'eſt pas ſenſiblement diminué; elles ſont d'une eau moins belle que celles de Ceylan & du Japon, mais elles l'emportent ſur les unes en groſſeur, & ſur les autres en régularité.

» Cette pêche, dit un de nos Ecrivains
» les plus ingénieux, produit des perles
» dans tout l'Indoſtan, & on n'a pas à
» craindre d'y en voir diminuer jamais
» le prix ou la conſommation; le luxe
» des perles eſt la plus forte paſſion des
» femmes en Aſie, & la ſuperſtition
» contribue encore à en augmenter le
» débit; il n'y a point de Gentil qui
» ne ſe faſſe un point de religion de
» percer au moins une perle à ſon ma-
» riage. Quel que ſoit le ſens myſtérieux
» de cet uſage, chez un peuple où la
» morale & la politique ſont en allé-
» gories, cet emblême de la pudeur vir-

» ginale eſt très-utile au commerce des
» Perſes (*a*) «.

Le règne animal, dans toutes ces riches contrées de l'Aſie, mérite auſſi toute l'attention des Naturaliſtes.

Une race d'ânes d'Arabie, qui ſont d'une légéreté & d'une docilité ſingulière, s'eſt propagée en Perſe, ainſi que les chameaux qui ſervent de monture ordinaire en Orient, & qu'on appelle, dans la langue du pays, des *navires de terre ferme*. Pour les chevaux qui y ſont indigènes, on connaît leur prix en Europe, quoique les Perſans n'aient point le fanatiſme des Tartares pour la généalogie de ces quadrupèdes.

La Perſe étant un pays découvert, il s'y trouve peu d'animaux ſauvages; cependant dans le peu de provinces qui

(a) *Hiſtoire Philoſophique & Politique du Commerce des Indes*, édit. de 1774, tome 1, pag. 444.

ont conſervé leurs forêts, on voit abonder les cerfs, les chevreuils & les gazelles.

Les bois de l'Hyrcanie ont été autrefois renommés pour être le repaire des bêtes féroces; la race ne s'en eſt pas anéantie. Ces vieilles forêts ſont encore peuplées de tygres, de lions & de léopards. Le quadrupède de cette eſpèce le plus terrible eſt le chacal, qu'on croit l'hyène de l'antiquité; il marche en troupe nombreuſe, pouſſant des hurlemens aigus, s'élançant ſur tous les êtres animés qu'il rencontre, & déterrant les cadavres pour en faire ſa pâture; le Docteur Shaw a eu tort de regarder ce chacal d'Hyrcanie comme un animal frugivore (*a*).

Les oiſeaux, ſoit ceux qui nous plaiſent par leur goût, ſoit ceux qui nous enchantent par leur ramage, ſont en très-grand nombre dans la Perſe; cependant leur race devroit peu à peu s'anéantir à cauſe de la deſtruction journalière qu'on

(*a*) *Voyages*, édit. in-4°. tome 1, pag 3[illegible]0.

en fait; car la chaſſe eſt auſſi libre dans cet Empire que l'air qu'on y reſpire; il n'y a point de Perſan aiſé qui ne dreſſe des oiſeaux de proie à la chaſſe du vol, & le menu peuple y dreſſe juſqu'à des corbeaux.

Le poiſſon eſt moins commun en Perſe à cauſe du petit nombre de rivières; on ne cite que les cancres du Zenderou qui rampent ſur le rivage, & grimpent ſur les arbres où ils vivent de leurs feuillages; pour le poiſſon d'eau ſalée, on en fait un commerce conſidérable ſur les côtes du golphe Perſique & de la mer Caſpienne.

La grande ſéchereſſe de l'air fait que dans cette contrée heureuſe il y a peu d'inſectes & de reptiles; les ſeuls animaux vénimeux de cette claſſe qu'on connaiſſe ſont la chenille *hazarpay*, à qui on donne mille pieds, un lézard de deux pieds de long, dont la peau eſt impénétrable à la pointe de l'acier, & un gros ſcorpion noir, dont la piquure cauſe la mort, dans d'horribles convulſions.

Ce ne ſont que des cauſes accidentelles qui amènent vers les frontières de la Perſe, au bout d'un certain nombre d'années, des nuages de ſauterelles qui dévaſtent les campagnes, & trompent l'eſpoir des cultivateurs. Au reſte, il y a dans la Bactriane un oiſeau nommé *Amelec*, qui délivre bien-tôt la Perſe de ce fléau; un Voyageur, qui n'eſt pas Philoſophe, prétend que ce deſtructeur des ſauterelles ne s'engage à la chaſſe des inſectes dont il ſe nourrit, que lorſqu'il a devant ſes yeux, l'eau d'une fontaine particulière de la Bactriane. Les Prêtres Arméniens, ajoute-t-il, emportent une bouteille de cette eau attractive, ſe font ſuivre d'une bande d'Amelecs, & les conduiſent, par cet artifice, juſques dans les champs ravagés par les ſauterelles (*a*). Il y a des

(*a*) Voyage de Villancour, pag. 97.

Hiſtoires Univerſelles très-répandues, je ne dis pas très-eſtimées, où l'on cite ce conte extravagant, comme une anecdote digne de foi.

CONSIDÉRATIONS

SUR L'ANTIQUITÉ DE LA POPULATION DE LA PERSE.

SI on a ſuivi avec quelqu'attention le fil de nos idées dans la Carte que nous avons dreſſée du monde primitif, on aura obſervé avec quelle facilité les Atlantes ont pu, en prolongeant la chaîne du Caucaſe, ſe répandre dans la Perſe. Cet empire, ainſi que la Médie & la Chaldée, remonte donc par ſa population au premier âge du globe; au reſte, la Géographie eſt ici d'accord avec les monumens de l'Hiſtoire.

Tout l'Orient a retenti des exploits des Héros Perſes, dans un tems où ils ne pouvaient paſſer pour les Héros du monde, que parce qu'ils en étaient les ſeuls hommes civiliſés. Moïſe rend témoignage à cette prodigieuse antiquité, en parlant de la Monarchie qu'ils ont créée, dans le Livre où il décrit l'organisation du globe (*a*); & cette grande autorité écrase les Enthousiastes de l'Egypte, qui, pour flatter les Pharaons, ont écrit que les Rois Perses n'existaient que depuis Cyrus.

Il est vrai que les Grecs ne nous ont point transmis les annales primitives de la Perse; mais quand on réfléchit sur le caractère de ce peuple superbe, on découvre aisément le principe de son silence. Quoique le petit Archipel qu'habitaient les Grecs portât toutes les traces d'une région nouvellement arrachée à l'Empire de la mer, ils avaient la manie de se croire les seuls autochtones du globe. Il leur fut aisé, sans doute, de faire valoir ce chimérique privilége, lorsque

(*a*) Genès. cap. 14, v. 1 & 9, tous les Interprètes s'accordent à dire que l'Ecrivain sacré, sous le nom d'Elamites, désigne les Perses.

devenus les uniques dépositaires des connaissances de l'Orient, ils purent, sans craindre de réclamation, anéantir les titres d'antiquité des peuples du continent de l'Asie, déguiser sous des noms Athéniens ou Spartiates, les Héros de la seconde race des Atlantes, & arracher les premières pages de ces Annales étrangères pour en décorer le frontispice de leur propre Histoire.

C'est sur-tout contre les Perses que cette prévention nationale a dû le plus éclater; à la présomption d'avoir une généalogie plus illustre qu'un peuple qu'ils désignaient sous le nom de Barbares, les Grecs joignirent l'envie de se venger des attentats de Xerxès & de ses successeurs contre leur indépendance, & si les Généraux d'Athènes mettaient le patriotisme à vaincre les Perses sur le champ de bataille, ses Ecrivains faisaient consister le leur à les dégrader dans les monumens de l'Histoire.

Au défaut des Livres nationaux que le

tems

tems a fait disparaître, & des Histoires de la Grèce, dont on peut soupçonner la bonne foi, on peut avoir recours à la Tradition de l'Orient, qui s'est conservée dans une foule d'Ecrivains Asiatiques du moyen âge.

Cette Tradition, il est vrai, n'est pas parfaitement authentique; la crédulité ignorante y a mêlé ses contes, la philosophie ses conjectures, & la religion ses allégories; mais le noyau de vérité se pressent sous l'écorce fabuleuse qui l'entoure; ainsi les erreurs qui se sont glissées dans l'Histoire primitive de la Perse, portent avec elles leur antidote.

Il résulte de cette Tradition universelle, répandue dans l'Asie, depuis la naissance du Caucase jusqu'aux extrémités de la presqu'île de l'Inde, que l'origine des Perses se perd dans la nuit des premiers âges, & l'on s'en convaincra bien-tôt par nos recherches sur l'antique dynastie des Rois prédécesseurs de Cyrus.

Ces recherches ont pour base l'Histoire de Mirkond, écrite originairement en Persan (*a*), & qui jouit en Orient de la plus grande célébrité ; le Docteur Hyde a enrichi, des faits qu'il a puisés dans cet Ouvrage, son Traité savant de la Religion des anciens Perses, & quand on a de la Dialectique & du goût, on peut le suivre avec autant de sûreté pour le moins qu'Hérodote.

Afin d'achever de détruire le vernis romanesque répandu sur toutes les productions de l'esprit Oriental, nous opposerons de tems en tems à Mirkond l'autorité d'autres Ecrivains de l'Asie, dont le laborieux d'Herbelot a rassemblé

(*a*) Elle a pour titre : *Raoudhat-al-Safa*, & l'Auteur la conduit depuis l'origine du monde jusqu'à l'an 900 de l'Hégire ; on n'a commencé à connaître cet Ouvrage que depuis la Traduction abrégée que Texeira en donna en Espagnol.

les Fragmens dans sa *Bibliothèque*, & toutes ces autorités cèderont, quand l'esprit philosophique l'exigera, à celle de la raison.

D'UNE DYNASTIE DE ROIS PERSES, *PRÉDÉCESSEURS DE CYRUS.*

LORSQUE Mahomet vint, l'encenſoir d'une main & le cimeterre de l'autre, donner des fers à un tiers de notre continent, il reſtait encore en Orient des Mémoires fidèles ſur les premières révolutions de l'Empire des Perſes; mais la nouvelle Religion apportée en Aſie, ayant pour but d'anéantir les lumières, ou d'en pervertir l'uſage, les Ecrivains furent obligés, pour faire réuſſir leurs idées, de les accommoder aux viſions abſurdes de l'Alcoran; ce n'eſt qu'en corrompant l'Hiſtoire qu'on leur permit de l'écrire.

Ce principe ſuffit pour faire entendre dans quel eſprit on doit lire les fables religieuſes qu'on a ſemées dans les annales primitives de la Perſe.

KEYOMARAS, dans la prononciation Orientale CAIUMARATH. Tel est le nom du premier Roi de la Perse, ou plutôt du monde, suivant les annales de l'Orient. Un Ecrivain qui a écrit la vie de ce Prince au tems de la plus grande vigueur de l'inquisition Mahométane, raconte ainsi l'histoire de sa naissance (*a*).

Adam, après son crime, fut séparé d'Eve pendant un long intervalle; cependant il l'aimait toujours, & il la cherchait avec une tendre inquiétude; l'Eternel, qui voulait punir ce couple indocile, interposa devant leurs yeux un nuage, & quoiqu'ils habitassent la même montagne, ils ne purent se rencontrer.

Le père des hommes, fatigué de ses vaines recherches qui ne faisaient qu'irriter son amour, s'endormit un soir plein

(*a*) Ce Livre a pour titre: *Caiumarath Nameh*, ou Histoire de Caiumarath. Voyez d'Herbelot, *Biblioth. Orientale*, édit. de 1697, pag. 245.

de l'image de ſon épouſe qui le ſuivait ſans ceſſe ; dans le délire où le jetta ſon imagination embraſée, il crut la voir dans ſes bras. De ce ſonge voluptueux naquit une plante qui ſe métamorphoſa peu à peu en homme, & cet homme eſt Keyomaras.

D'autres Ecrivains de l'Orient, embarraſſés de concilier la vie de Keyomaras avec la chronologie des Rois de ſa dynaſtie, ne placent ce Héros qu'après le déluge de Noé (*a*) ; pour nous, nous ne le placerons à aucune époque, contens de ſavoir qu'il a exiſté, & qu'il a fondé l'Empire des Perſes.

Keyomaras, comme l'Oannès de l'Aſſyrie, commença à civiliſer les hommes, pour acheter le droit de régner ſur eux ; cet Atlante, en deſcendant du Caucaſe, trouva les plaines de la Médie

(*a*) Tel eſt en particulier Beidhavi dans ſon Livre du *Neidhame al Tavarikh*, qui a beaucoup de partiſans chez les Arabes.

& de la Perse élevant à peine leur ſurface fangeuſe au-deſſus de l'Océan. Au milieu de ces marécages peſtilentiels vivaient, dans des huttes de roſeaux, des hommes ſauvages, vêtus à demi de la dépouille des bêtes féroces auxquelles ils diſputaient leur nourriture. Keyomaras leur apprit à épurer l'air qu'ils reſpiraient en creuſant des canaux qui procuraient aux eaux ſtagnantes un libre écoulement; il fit ſervir la toiſon des brebis, & le duvet des végétaux à les habiller; il les raſſembla en corps de peuple, & c'eſt ainſi que le premier bienfaiteur des hommes mérita de devenir leur Roi.

Au reſte, ce nom de Roi n'avait pas alors toute l'étendue que l'eſprit de ſervitude lui a donné dans la ſuite en Orient; le mot de *Piſchdad*, qui lui répond dans la langue primitive des Perſes, & d'où la dynaſtie de Keyomaras a pris le nom de *Piſchdadiène*, ne ſignifie que Juge; c'eſt auſſi l'étymologie du *Suffete* de Carthage, & du *Baſileus* des Grecs:

comme si le premier d'une nation devait en être nécessairement le plus juste !

Quand les Perses commencèrent à sentir la nécessité du pacte social, Keyomaras leur enseigna à se défendre contre l'ennemi ; c'est lui qui inventa l'usage de la fronde, & l'Histoire ajoute qu'à cette époque, l'Asie pacifique & fortunée, ne connaissait pas d'armes plus meurtrières.

Il faut que ce Prince ait régné longtems, puisqu'on lui attribue la fondation de plusieurs villes ; assurément si l'on considère la gradation naturelle de l'esprit humain, le siècle qui voit tirer de leurs huttes de joncs, des sauvages à demi quadrupèdes, ne les voit pas se rassembler dans une enceinte fortifiée, pour y écraser la terre du poids de leurs édifices.

Les principales villes dont on fait Keyomaras fondateur, sont Balk, Istekare & Damavend ; la première tire son nom d'un mot oriental, qui signifie *embrassement* ; parce que c'est-là que le

Législateur Perse embrassa un frère qui lui était cher, & qu'il retrouvait après un demi-siècle d'absence. Cette ville de Balk devint dans la suite le centre de la Religion de Zoroastre, & c'est dans ses murs que naquit la première des Académies.

Keyomaras eut un fils nommé Nathek; il fut tué à la chasse par des brigands dans les gorges des montagnes de Damavend; un tel malheur, dans ces âges fortunés où le plaisir d'être Roi ne corrompait pas celui d'être père, empoisonna le reste de la vie du Monarque. Le tems ne pouvant charmer sa douleur, il ne se crut plus en état de régir ses peuples; alors il abdiqua la Couronne, & la céda à Siamek, son petit-fils (*a*),

(*a*) Voyez *Mirkond Histor.* sect. 1; d'autres Auteurs veulent que Siamek fut le frère de Nathek. D'Herbelot, *Bibliothèque Orientale*, art. *Caiumarath.*

qu'il crut, comme ayant le cœur plus libre, plus digne de la porter.

SIAMEK. — Sa mère était enceinte de lui quand Nathek fut aſſaſſiné; Keyomaras l'adopta, l'éleva avec ſoin, l'inſtruiſit dans l'art de régner, & quand il vit qu'il pouvait s'applaudir de ſon ouvrage, il le plaça lui-même ſur le Trône de la Perſe. Mirkond dit expreſſément qu'il demanda, pour ce choix, l'agrément de ſa nation; car dans l'origine des Monarchies, les peuples ont toujours été conſultés, pour ſavoir à qui appartiendrait le droit de les rendre heureux.

A peine Siamek était-il ſur le Trône, que des brigands jaloux firent une invaſion dans la Perſe : on a dit que ces brigands étaient des géans (*a*); mais comme il ne faut pas avoir la taille des Briarée & des Encelade pour tuer des

(a) *Bibl. Orient. loc. citat.*

hommes pacifiques qui ne ſavent pas ſe défendre, il eſt inutile de recourir ici au merveilleux. Ces prétendus géans, qui n'étaient que des hommes de notre ſiècle de fer, enveloppèrent la petite armée de Siamek, la paſsèrent au fil de l'épée, & percèrent le Roi lui-même d'un coup mortel, ſur le champ de bataille.

Ce Prince infortuné, luttant contre les horreurs de la mort, fut ramené dans ſon Palais, où il expira entre les bras de ſa femme, qu'il laiſſa enceinte, comme ſa mère l'était, lorſque Nathek fut aſſaſſiné. En l'embraſſant, pour la dernière fois, il la conjura, s'il lui naiſſait un fils, de lui retracer ſans ceſſe l'image de ſa mort, & de tranſmettre ce tableau aux générations ſuivantes, afin d'éterniſer ſa vengeance. Il faut pardonner ce délire du déſeſpoir à un Prince trop ſenſible qui périt à la fleur de ſon âge, avec le chagrin de n'avoir encore rien fait pour le bonheur des hommes.

Le plus malheureux alors n'était pas le Prince qui mourait, mais le père tendre qui se croyait obligé de lui survivre. Keyomaras sortit de la retraite profonde où il vivait, & vengea la mort de son fils, avant de célébrer ses funérailles.

On a écrit que le magnifique bûcher que Keyomaras fit construire pour brûler le corps de Siamek, donna naissance au culte du feu, base primitive de la Religion de Zoroastre; comme si l'intelligence humaine, purifiée par ce feu, n'en sortait, que pour s'élancer au sein de la divinité dont elle émane! Mais le culte de l'Etre suprême, sous l'image du feu principe qui vivifie toute la nature, est bien antérieur au dogme de l'immortalité.

Keyomaras sans enfans, mais non sans famille, puisqu'il lui restait une nation entière dont il était le Législateur & le père, remonta, après la mort de Siamek, sur le Trône de la Perse; mais trop absorbé par sa douleur profonde, il ne fit plus rien de grand; il laissa flotter les rênes de l'Etat, quoique sans péril pour les peuples, parce que sa constitution, neuve encore, avait tout son ressort, & il mourut enfin dans une vieillesse respectée, après avoir pleuré trente ans le petit-fils infortuné à qui il avait cédé sa Couronne (*a*).

Les Orientaux, qui ont plié l'Histoire aux visions de l'Alcoran, ont donné à Keyomaras mille ans de vie, & cinq cents soixante ans de règne; il était, en effet, tout simple que le faisant fils d'Adam, ils lui donnassent la durée de la vie des Patriarches.

Il faut mettre, avec les mille ans de la vie de Keyomaras, les deux cents ans d'interrègne qu'on suppose entre ce Prince & Hussein son successeur (*b*). Quand

(*a*) Le Sharistan cité dans Hyde, *de Relig. Veter. Persar.* cap. 25.

(*b*) *Biblioth. Orient.* au mot *Ogouz-Khan.*

dans ces âges reculés, l'Hiſtoire reſte muette pendant deux ſiècles ſur les révolutions d'un grand Empire, c'eſt qu'on en impoſe ſur la durée de l'interrègne, ou que l'Etat a été ſubjugué.

HUSSEIN, en Perſan HUSCHENK.—C'eſt ſur-tout dans la vie de ce Prince, ſuppoſé fils de Siamek, & par conſéquent petit-fils de Keyomaras, que l'imagination Orientale s'eſt déployée; ſa célébrité même lui a nui dans la mémoire des ſiècles; les Poëtes, avec leurs hyperboles, ſe ſont emparés de ſa renommée, & la poſtérité, ne la trouvant fondée que ſur des fables, a refuſé de la peſer dans ſes balances.

La vie de Huſſein ouvre par la fable des deux cents ans d'interrègne. Comment peut-on ſuppoſer que l'héritier préſomptif de la Couronne de Keyomaras ait laiſſé, pendant ce prodigieux intervalle, ſa nation dans l'anarchie? Et s'il dédaignait le rang ſuprême dans l'âge mûr, comment l'a-t-il accepté dans ſa vieilleſſe, à cet âge, où juſqu'à l'ambition, tout s'éteint dans le cœur de l'homme ?

L'Orient dépoſe qu'Huſſein, dont le règne fut tout au plus d'un demi-ſiècle, vécut 500 ans (*a*) ; il avait donc deux cents cinquante ans quand ſon prédéceſſeur au Trône de Perſe mourut. Comment concilier ce fait avec la tradition unanime, qui veut que Keyomaras n'ait ſurvécu que trente ans à la mort de ſon fils Siamek ? Ici la fiction Orientale eſt à-la-fois détruite par la chronologie & par la raiſon.

Nous n'avons pas encore épuiſé la carrière des merveilles. Le vieil Huſſein, devenu Roi de Perſe, s'aviſa, à l'âge de 440 ans, de terraſſer les monſtres & de pourfendre les géans, comme les jeunes Héros de notre Chevalerie. Son premier exploit fut la défaite d'un animal à douze pieds, qui n'a jamais exiſté que dans

(*a*) *Biblioth. Orient.* au mot *Huſchenk.*

l'imagination des Arioſtes de l'Aſie ; il s'appellait Rakſche , & il était né de l'accouplement d'un crocodile & de la femelle d'un hypopothame. Huſſein , maître de ce monſtre , le monta , & s'en ſervit utilement pour faire la guerre à une race d'hommes à taille coloſſale qui s'étaient rendus les fléaux de la Perſe ; delà il parvint toujours en Conquérant juſqu'à la contrée de Mahiſer , dont les habitans avaient , dit - on , des têtes de poiſſon. Si ce peuple de Mahiſer a exiſté , il eſt évident que c'étaient des Ichtyophages , qui , comme l'Oannès de l'Aſſyrie , ſe couvraient , en forme de trophée , de la dépouille des poiſſons dont ils s'étaient rendus maîtres. Huſſein de retour dans ſa patrie après avoir ſubjugué ces Ichtyophages , y termina bien-tôt ſa carrière belliqueuſe ; comme la race des géans qu'il avait pourſuivis avec le monſtre qui lui ſervait de monture , n'était pas anéantie , quelques-uns d'entr'eux le ſuivirent dans les gorges des montagnes de Damavend, & l'écrasèrent sous le poids d'un rocher.

Quittons maintenant le Héros des Poètes, pour chercher celui des Historiens. Il paraît qu'Hussein avait trente ans quand Caiumarath, son aïeul, lui laissa sa Couronne. Instruit de bonne heure à ne regarder que comme un fardeau le soin de gouverner les hommes, il se refusa long-tems aux vœux de ses peuples; ce sont ces longs débats entre les Perses, qui voulaient Hussein pour Roi, & le Sage qui fuyait un Trône, que les Poètes Orientaux ont désigné par leurs deux siècles d'interrègne.

Les Perses vainquirent dans cette lutte généreuse. Hussein, rendu à leurs vœux, ne s'endormit pas sur le Trône; on lui attribue beaucoup d'inventions utiles; c'est lui en particulier qui le premier tira du sein de la terre les métaux pour en fabriquer des armes & des instrumens d'agriculture.

On a cru, mais sans raison, que ce

Prince était le fondateur de Babylone (*a*); il eſt un peu plus vraiſemblable qu'il a bâti Suſe, où il faiſait ſa réſidence, & qui eſt devenue après lui la Métropole de la Perſe.

Ce qui a achevé de rendre la mémoire d'Huſſein reſpectable aux générations qui l'ont ſuivi, c'eſt ſon fameux Livre *de la Sageſſe Eternelle* (*b*), qu'on a appellé longtems le Livre Royal, par excellence, & qui paſſe encore pour un des Evangiles de l'Orient.

La *Sageſſe Eternelle* eſt un recueil d'apophtegmes & d'apologues dans le goût de ceux de Pilpay; voici quelques-uns

(*a*) Nous en avons parlé dans l'Hiſtoire d'Aſſyrie, & nous y renvoyons, pour achever le portrait de ce Héros ſi célèbre, dans les Annales de l'Orient.

(*b*) Ou le *Giavidan-Khird* des Perſes. Voyez *Biblioth. Orient.* art. *Huſchenk.* Si l'on veut connaître la foule de ſes Traducteurs, il faut conſulter le même Ouvrage au mot *Homaioun Nameh.*

des principes qui y ſont renfermés ; nous les dégageons de cette foule de métaphores, qui tiennent lieu d'éloquence aux perſonnes à qui ce don de la nature a été refuſé.

» Les Rois ſont les dieux de la terre, » mais Dieu eſt le maître des Rois.

» Si Dieu ſe venge une fois, il par» donne dix mille. Voilà en quoi doi» vent l'imiter les êtres puiſſans qui le » repréſentent parmi les hommes.

» Oh, combien les Souverains doivent » être avares du ſang des hommes, de » ce ſang que la tyrannie verſe en ſe » jouant, & que le pouvoir de tous les » Rois réunis ne ſauraient faire refluer » dans ſes anciens canaux !

» Les Miniſtres ne ſont que des inſ» trumens paſſifs entre les mains des Prin» ces dignes de régner. Sultans de l'Aſie, » ne rejettez point ſur vos Viſirs les » crimes dont les peuples vous accuſent, » vous reſſembleriez à ce brigand qui, » aux pieds de ſes Juges, accuſait, non

» ſon cœur, mais ſon épée de ſes aſſaſ-
» ſinats.

» Un mauvais Prince peut avoir, par » haſard, de bons Miniſtres ; mais ſi » les Miniſtres ſont mauvais, dites har- » diment que le Prince eſt indigne de » régner «.

TAMURAS, dans l'ancienne langue Perſienne TAHMURASB ou THAHAMURATH (*a*), eſt, ſuivant les uns, le fils, ſuivant d'autres, le petit-fils de Huſſein ; il y a ſur le règne de ce Prince, ainſi que ſur celui de ſon prédéceſſeur, une Hiſtoire & un Roman.

L'Hiſtoire de Tamuras ſe réduit à un petit nombre de faits que nous allons rapporter.

(*a*) C'eſt ſous ce dernier nom que d'Herbelot parle de ce Prince dans un Supplément de la *Biblioth. Orient.* pag. 1016. L'ingénieux Auteur des *Lettres ſur l'Atlantide*, a ſçu accommoder avec art cette Vie de Tamuras à ſon Roman Philoſophique ſur les Atlantes.

Il bâtit ſept villes dans ſes Etats, & embellit Ninive & Babylone.

Le fléau de la famine s'étant répandu dans la Perſe, il ordonna aux gens riches qui ſe mettaient à table à midi & au coucher du ſoleil, de ſe contenter d'un ſeul repas, & de diſtribuer le produit de l'autre aux malheureux. Telle eſt, diſent les Orientaux, l'origine du jeûne dans la plupart des religions.

Le trait le plus extraordinaire de la vie de Tamuras eſt d'avoir établi la tolérance de tous les cultes dans ſon Empire, c'eſt alors que le Polythéiſme, la religion de l'homme ſans principe, étendit ſes branches dans tout l'orient.

On doit à ce Prince la culture du ris & la découverte des vers à ſoie. Il mourut de la peſte à Balk, où il faiſoit ſa réſidence.

L'hiſtoire de Tamuras ſe réduit, comme l'on voit, à quelques lignes; mais le roman ſur ſa vie formerait un volume, ſi on en raſſembloit tous les détails; nous nous y arrêterons un moment, à cause du noyau de vérité qu'il renferme, en consacrant l'ancienne tradition sur le peuple primitif du mont Caucase (*a*).

Le Caucase ou le Caf, disent les Orientaux, embrasse de sa vaste chaîne toutes les contrées du globe. C'est l'asyle d'un reste de Génies dégénérés qui gouvernaient la terre avant que Dieu eût organisé le premier des hommes : les Arabes les appellent *Ginn*, & leur Empire, le *Ginnistan*. Au tems de Tamuras, ces Génies habitaient des corps d'Encelades, & effrayaient la Perse par l'impunité de leurs brigandages.

Dans les contes de féeries, on ne détruit les enchantemens que par les enchantemens; aussi Tamuras, pour délivrer son Empire du fléau qui infestait ses frontières, eut recours à l'oiseau Simorganka,

---

(*a*) Voyez le Roman de Tamuras avec tous les détails dans la *Bibliothèque Orient.* articles *Soliman*, *Simorganka* & *Thahamurath*.

le plus merveilleux des oiseaux, car le Phœnix n'était pas encore né.

Simorganka était un griffon d'une taille colossale, qui avait le don des langues ; il se battait avec les brigands, & raisonnait tranquillement avec les Philosophes.

Un Sage de la Perse interrogea un jour Simorganka sur son âge & sur celui du monde. » Le monde est plus vieil qu'on » ne pense, répondit le griffon philosophe ; » il a déjà subi quatorze révolutions, pen- » dant lesquelles il a été alternativement » habité & désert ; j'en ai vu douze, & » j'ignore quand je dois mourir «.

Simorganka, ennemi naturel des Génies malfaisans qui habitaient le Caucase, transporta Tamuras dans le Ginnistan, & donna à ce héros quelques plumes qu'il arracha de son sein. Tamuras dut son triomphe à ces plumes encore plus qu'à son courage.

Le dernier exploit du héros fut de délivrer la fée Mergiane des mains d'un des plus fameux brigands du Caucafe ; à cette époque la paix naquit dans le Ginniftan, & de-là fe répandit dans la Perfe.

Giam. Il était frère ou neveu de Tamuras ; la beauté de fon vifage lui fit donner le nom de l'aftre qui vivifie la nature : ce nom accompagne prefque toujours l'autre, quand on parle de ce Prince dans les annales de l'Orient. On dit *Giam-Schid*, ce qui fignifie *Giam-Soleil*.

Giam maintint fur le Trône de Perfe la gloire de fes prédéceffeurs ; on lui doit plufieurs inftitutions utiles ; il réforma le calendrier ; il acheva d'adoucir les mœurs du peuple, en le rendant fenfible à la mélodie ; c'eft lui qui, le premier, partagea en trois claffes la Nation qu'il gouvernait. La première était celle des gens de guerre, les cultivateurs formaient la feconde, & la troifième était réfervée pour les artifans ; il fallait que la religion ne fût pas alors diftinguée de l'état, car il n'y avait point de claffe particulière pour les Prêtres.

Ce Monarque peu content de l'eſtime que lui acquéraient ſes inſtitutions pacifiques, voulut y joindre la gloire meurtrière des combats; ſes ſuccès ſurpaſsèrent ſon attente, & il ajouta à ſes Etats ſept grandes Provinces.

Tous les prédéceſſeurs de Giam avaient fondé des villes : le rival de ces hommes célèbres en fonda auſſi ; la plus diſtinguée eſt Eſtekhar, à qui les Grecs donnèrent le nom de Perſépolis; l'enthouſiaſme oriental donne à cette ville primitive une enceinte de douze paraſanges, ce qui répond à environ douze de nos lieues aſtronomiques (*a*). Une ſaine critique réduit encore plus aiſément cette étendue de Perſépolis que celle de Ninive & de Babylone.

(*a*) D'Herbelot, *Bibliothèque Orientale*, art. *Giamſchid*, dit 24 lieues ; & il a été ſuivi dans ſon calcul erroné par tous les faiſeurs d'Hiſtoires univerſelles, qui ne ſavent que compiler, & qui ne vérifient rien.

Giam fit ſon entrée dans ſa nouvelle ville, le jour où le ſoleil paſſe dans le ſigne du bélier, c'eſt-à-dire le premier jour du printems ; la Perſe, en mémoire de ce grand évènement, commença par ce jour célèbre ſon année civile, ce qui eſt bien plus naturel que de faire précéder cette époque de deux mois d'hiver, comme on fait en Europe.

Juſques-là Giam, le bienfaiteur de la Perſe, pouvait être comparé, par la reconnaiſſance des peuples, à l'aſtre du jour dont il portait le nom ; mais enfin ce ſoleil s'éclipſa ; on prétend qu'ennivré de l'encens de ſes adulateurs, il ſe laiſſa perſuader qu'il était Dieu ; les apprêts de ſon apothéoſe, qu'il oſa ordonner lui-même, ſoulevèrent ſes ſujets. Son propre neveu, Viceroi d'Arabie, ſe mit à la tête des rebelles ; le prétendu Dieu fut vaincu & pris ſur le champ de bataille. Zohas ou Zhohak, Général de l'armée Arabe, abuſant de ſon triomphe, fit ſcier en deux ſa victime ; cependant d'autres hiſtoriens prétendent que Giam ſe déroba par une fuite heureuſe, à cet affreux ſupplice, & qu'il employa les cent ans de vie dont il jouit encore à faire le tour du globe. On nous obſerve avec beaucoup d'ingénuité que ce Prince n'avait régné que ſept cents ans, quand il fut détrôné.

Zohas. Ce ne fut point le Viceroi d'Arabie, neveu de Giam, qui lui ſuccéda, mais le Général de ſon armée qui n'avait par lui-même aucun droit au Trône de la Perſe. Cependant, comme les coupables heureux trouvent toujours des hommes vils qui les juſtifient, on fabriqua à Zohas une généalogie, & on le fit deſcendre par ſa mère, de Keyomaras.

Si on ne jugeait ce Prince que d'après ſon règne, il faudrait le faire deſcendre d'Arimane, le Génie du mal. Il conduiſit ſes peuples avec la verge de fer du deſpotiſme, & ils étouffèrent long-tems leurs murmures. Ce calme trompeur d'un Etat qui dévore lentement ſes propres entrailles, eſt mille fois plus dangereux que les convulſions terribles mais paſſagères qu'il éprouve, quand il tombe dans l'anarchie.

La nature avait empreint l'ame de Zohas ſur ſon viſage; il était maigre & décharné, ſes yeux égarés cherchaient des victimes, & ſa bouche difforme ne ſemblait s'ouvrir, que pour prononcer leur ſupplice.

La férocité de ce Prince était encore irritée par les douleurs cruelles de deux ulcères que la Médecine de ces tems-là n'avait jamais pu guérir; ces ulcères avaient tous les ſymptômes de la morſure d'un ſerpent; mais le peuple, qui ne veut jamais expliquer naturellement les effets de la nature, imagina, ſur ce jujet, un Conte bien extraordinaire (*a*). Le Génie du mal, dit-on, ayant longtems ſervi Zohas dans ſes fureurs, lui demanda enfin, pour ſa récompenſe, la permiſſion de le baiſer; le Prince y conſentit; alors un ſerpent horrible s'élança

(*a*) Mitkond, *Hiſt.* ſect. 6.

ſur lui, & exprima deux fois dans ſes veines le venin qui diſtillait de ſes morſures.

Les Médecins de la Cour, auſſi féroces que Zohas (car il faut bien que tout ce qui approche d'un Néron lui reſſemble), les Médecins de la Cour, dis-je, déclarèrent que l'unique moyen de guérir les ulcères du Roi, était d'y appliquer fréquemment la cervelle de quelques hommes récemment tués, on fit ſervir d'abord les têtes des criminels à la cure du Deſpote; enſuite, quand ces têtes manquèrent, des ſatellites payés par le tyran, allèrent égorger des citoyens paiſibles dans leurs maiſons. Cet abus abominable du pouvoir abſolu réveilla les Perſes de leur léthargie; un ſimple forgeron dont le fils avait été ainſi aſſaſſiné, ſentit qu'il était citoyen & père, il prit les armes, ſouleva ſes concitoyens, & l'impitoyable Zohas vit qu'il n'avait pas encore aſſez répandu de ſang, puiſqu'il reſtait des hommes dans la Perſe.

Le forgeron, à la tête d'une armée, ſe conduiſit avec autant de prudence & de courage que s'il avait paſſé ſa vie ſur les champs de bataille; quand il ſe fut rendu maître du Khoraſan, les ſoldats qui l'adoraient, voulurent le proclamer Roi; mais il eut la grandeur d'ame de ſervir ſa patrie ſans intérêt; il déſigna au trône un petit-fils de Giam échappé, par un concours d'évènemens heureux, à la barbarie de Zohas, & le Royal orphelin fut couronné.

Les deux armées parurent enfin en préſence; le combat ſe livra, & contre l'ordinaire des guerres, la cauſe la plus juſte fut la plus heureuſe. Zohas vaincu fut fait priſonnier, & renfermé dans une caverne des montagnes de Damavend, pour y être livré à lui-même; ce qui eſt le plus grand des ſupplices, quand on n'a pas ſecoué entièrement le joug des remords.

PHERIDOUN. Tel eſt le nom du petit-fils de Giam, que le vainqueur de Zohas fit monter sur le Trône de Perse ; ce Prince ne fut point ingrat, il donna en propriété à son libérateur l'Irak persienne avec Ispahan sa capitale, à condition qu'après sa mort, cet appanage reviendrait à la couronne. Le forgeron devenu Souverain, fit le bonheur de ses sujets, & mourut regretté de tout l'Empire. Son étendart qui n'était originairement que le simple tablier de cuir qu il mettait dans son attelier, fut enrichi de pierres précieuses, déposé dans le trésor des Rois, & regardé pendant plusieurs siècles comme le palladium de la Perse.

Pheridoun, paisible possesseur de sa couronne, songea à en relever l'éclat par la gloire meurtrière des conquêtes ; il y réussit ; aussi son nom est-il regardé en Asie comme l'égal de celui des Ninus & des Sémiramis.

Le bonheur de Pheridoun ne fut troublé que par ses chagrins domestiques ; il avait regardé comme un grand trait de politique d'épouser la fille de Zohas ; les deux enfans qu'il en eut, ſemblaient ne conſerver dans leurs veines que le ſang abominable de leur aïeul, & firent le tourment de la vie du Roi. Ce Prince déſeſpéré contracta un ſecond mariage, & il en naquit un troiſième fils nommé Irege, qui mérita toute ſa tendreſſe, & qu'il déſigna pour ſon ſucceſſeur au trône de Perſe.

Les fils aînés de Pheridoun, furieux de ce choix, ſe révoltèrent & parurent à la tête d'une armée dans l'Aderbigean; Irege, cauſe innocente de la guerre, voulut en prévenir les ſuites, en conciliant les intérêts de ſes frères avec ceux de l'Empire; il leur propoſa une entrevue qu'ils acceptèrent dans leur camp; mais à peine le malheureux Prince eut-il paſſé les premiers retranchemens, qu'ils le maſſacrèrent & envoyèrent ſa tête à ſon père.

Pheridoun fut outré, mais craignant les ſuites d'une bataille déciſive, il ſe vit contraint de dévorer en ſilence ſon chagrin; cependant le crime ne reſta pas impuni,

Manougiar, fils d'Irege, ne se sentit pas plutôt en état de porter les armes, qu'il alla combattre les assassins de son père, les tua de sa main, & revint en triomphe aux pieds du Roi qui l'embrassa, en versant des larmes de joie, & le déclara héritier de sa Couronne.

Le vieil Monarque, à cette époque, avait perdu la vue; ses organes l'abandonnaient l'un après l'autre, mais son ame était toujours vigoureuse; il donna à son petit-fils les conseils les plus sages pour gouverner la grande famille de ses Etats, & mourut comblé de gloire & d'années. Ce que l'enthousiasme oriental désigne par un règne de cinq cents ans.

Phéridoun passe pour le Salomon de la Perse : c'est lui qui laissa dans son testament de mort cette grande leçon aux Souverains de la Perse. » O vous qui êtes ap-
» pellés à régner sur cent peuples, songez
» que chaque jour de votre vie est le feuil-
» let d'un grand livre, & n'écrivez sur ce

» feuillet que ce qui mérite d'être transmis
» à la postérité (*a*) «!

MANOUGIAR ou MANUGEHER commença son règne par des monumens publics qui le rendirent cher à ses peuples. Comme on se plaignait de la disette d'eau dans ses Etats, il tira à grands frais des canaux du Tigre & de l'Euphrate, qui fécondèrent les campagnes du côté de la Chaldée ; il aimait mieux employer à ces travaux le trésor des Rois, que de surcharger sa capitale de vains édifices.

Manougiar aimait la paix à cause des arts qu'elle permet de cultiver ; mais cette paix fut troublée par un Roi du Turquestan, nommé Afrasiab, qui le défit & le força à une paix honteuse ; le vainqueur, en vertu du traité, garda ses conquêtes & la Perse fut démembrée.

(*a*) Hafez, dans son Livre du *Baharistan*. Voyez *Biblioth. Orient.* de d'Herbelot, art. *Pheridoun.*

Le reste du règne de Manougiar n'est célèbre que par la passion de la belle Roudabah, fille d'un Gouverneur de Kaboul, sujet d'Afrasiab, pour le fils du Grand Visir du Roi de Perse; en vain la jalousie nationale séparait les deux amans, leurs cœurs qui n'épousaient point les haines de la politique se rapprochèrent, ils s'unirent, & de cette union naquit Rustan, le guerrier de l'Orient qui ressemble le plus, par sa valeur & par la bizarrerie de ses exploits, aux Paladins de notre antique Chevalerie.

Le règne de Manougiar ne fut que de cent vingt ans, même suivant les annales de l'Orient; ainsi nous quittons insensiblement l'âge des merveilles pour entrer dans celui où l'on peut parler à la raison.

NAUDAR, héritier du Trône de son père, ne s'y maintient que sept ans, & ne fait qu'ajouter un nom stérile à la liste des anciens Rois de Perse. Depuis le démembrement de cet Empire sous Manougiar, les Turcs étaient devenus si puissans, qu'il fallait, dans l'ordre de la politique, qu'ils subjuguassent la Perse, ou qu'ils fussent anéantis. Afrasiab, leur Souverain, passa l'Oxus qui servait de limites entre les deux Etats, vainquit Naudar & le tua de sa main sur le champ de bataille (*a*); d'autres écrivains prétendent qu'il le fit égorger de sang froid dans sa prison.

AFRASIAB, vainqueur de la Perse, s'en fit proclamer Roi par son armée; mais quand les peuples ont un caractère, on ne les gouverne point malgré eux; il eut beau, dans des écrits publics, faire valoir les droits qu'il avait au trône, en qualité de descendant de Pheridoun, par la fille de Zohas, on ne lut point ses manifestes, & la guerre se ralluma de toutes parts.

Alors vivait en Perse Zalzer, l'époux fortuné de la belle Roudabah, & le père de Rustan; cet homme généreux, sacrifiant ses intérêts à ceux de sa patrie, réso-

(a) *Bibliothèque Orientale*, art. *Afrasiab.*

lut de lui rendre ſa gloire, ou de s'enſévelir ſous ſes ruines; il ſe mit à la tête d'un corps de ſoldats d'élite, harcela les Turcs dans diverſes campagnes, & réuſſit enfin à leur faire repaſſer le fleuve qui leur ſervait de frontières. Cependant la guerre n'était point terminée, & les peuples gémiſſaient de ces diſcordes fatales; on n'oſait point enſemencer les terres en deçà & au-delà de l'Oxus; la famine ſe déclara, enſuite la peſte; ces épouvantables fléaux ſuppléérent enfin à l'abſence de la Philoſophie, & déſarmèrent les deux Nations. On fit un traité qui rétablit les limites de la Perſe & du Turqueſtan, telles qu'elles avaient été fixées par Manougiar, & Afraſiab laiſſa vacant le Trône de Keyomaras, après un règne de douze ans, qui ne fut fécond qu'en déſaſtres.

ZAB (*a*). Il ne tenait qu'à Zalzer de

(*a*) Il y a ſur les derniers Rois de la dynaſtie des Piſchdadiens, beaucoup de variations entre gouverner l'Empire dont il était le libérateur; ce héros, comme Philoctète, aima mieux faire des Rois que de l'être lui-même; il sut qu'il existait dans un coin de l'Aderbigean, un descendant de Tamuras, & il le fit monter sur le Trône de la Perse.

Ce Prince était avancé en âge quand il commença à régner; il associa à sa Couronne son fils Kistap (qu'on appelle dans une langue très-féconde en consonnes, Kischtasb), ni le fils ni le père ne répondirent à l'attente de la Nation; Zab n'est guère connu que comme l'Apicius de Rome, pour avoir inventé des ragoûts; quant à Kistap il fut tué dans un combat qu'il

---

les Orientaux; mais les faits ne sont pas assez importans pour qu'on s'occupe, dans une Histoire des Hommes, à concilier les sources d'où on les tire; il suffit d'indiquer ici les Mémoires sur lesquels on a travaillé : c'est l'Histoire de Mirkhond & la *Bibliothèque Orientale*, article *Zab*, *Kischtast*, & *Afrasiab*.

livra contre les Turcs après six ans d'un règne orageux; il a laissé une mémoire si faible, que la plupart des historiens ne le comptent point au rang des Rois de Perse. Mirkond dit expressément que Zab fut le dernier des Souverains de la Dynastie de Keyomaras.

Les Turcs qui défirent & tuèrent Kistap, étaient encore gouvernés par Afrasiab. A juger de la longueur de sa vie, par le grand nombre d'évènemens qui caractérisent son règne, il faudrait lui donner au moins trois siècles de durée; mais le prodige cesse, quand on sait que ce nom d'Afrasiab, qui signifie conquérant de la Perse (*a*), est un mot générique qui a pu convenir à tous les Rois du Turquestan qui ont fait des invasions heureuses dans la Perse. Il y a un de ces Afrasiab à qui

(a) *Bibliothèque Orientale*, article *Afrasiab*. Le mot de *Fars* désigne, chez les Orientaux, la Perse.

on attribue la fondation de Bagdad, la Métropole de l'Empire des Arabes ſous les Kalifes.

Les Turcs devinrent encore une fois, par leur victoire ſur Kiſtap, les poſſeſſeurs de la Perſe, & ils ne furent chaſſés de cet Empire, comme nous le verrons bientôt, que par le fondateur d'une nouvelle Dynaſtie.

DES CONTRADICTIONS

ENTRE LES GRECS ET LES ORIENTAUX, SUR LES PREMIERS ROIS PERSES DE LA SECONDE DYNASTIE.

L'ORIENT, dans la liſte qu'il nous donne des Rois de Perſe, fait ſuccéder la Dynaſtie des Kainides, dont Kaicobad eſt la tige, à celle des Piſchdadiens dont le chef eſt Keyomaras; ce nom de Kainides dérive du mot Pelhvien (a) *Kai*, qui ſignifie un Géant ou un grand Roi, & on aſſure qu'il convient ſous ce double rapport à tous les premiers Rois de cette Dynaſtie.

(a) Le Pelhvien eſt l'ancienne langue des Perſes, que les Guèbres nous ont conſervée.

Les Savans les plus verſés dans les langues & dans l'hiſtoire, ſe ſont réunis à penſer que les Princes Kainides étaient ceux que les Grecs reconnaiſſaient pour la Dynaſtie de Cyrus (*a*) ; mais alors on ſe jette dans un labyrinthe inextricable, & la Logique n'offre aucun fil d'Ariane pour en démêler les iſſues.

Afin de voir d'un coup d'œil toutes les difficultés de ce problême hiſtorique, il ſuffit d'expoſer le tableau donné par les Grecs, à côté de celui qui a été deſſiné par les Peintres de l'Orient.

Princes Kainides, ſuivant les Orientaux.	
	KAICOBAD, tige de la dynaſtie.
	KAICAOUS, fils de Kaicobad.
	KAICOSROU, fils de Siavek.
	LOHORASP, fils d'Orondak.
	GUSTAP ou KISTASP, fils de Lohoraſp.
	ARDSHIR, fils d'Aſpendiar.
	HOMAI, fille d'Ardshir.
	DARAB I.
	DARAB II, détrôné par Alexandre.

(*a*) *Bibliot. Orient.*, article *Caian*.

La même Dynaſtie, ſuivant les Grecs.	CYRUS. CAMBYSE, fils de Cyrus. SMERDIS le Mage, ou SPENDADATE. DARIUS, fils d'Hyſtaſpe. XERXÈS I. ARTAXERXE, Longuemain. XERXÈS II. SOGDIEN. DARIUS Nothus. ARTAXERXE Mnemon. OCHUS. ARSÈS. DARIUS Codoman, détrôné par Alexandre.

Il n'y a d'abord dans ces liſtes que quatre noms qui ſe reſſemblent. C'eſt Kiſtaſp, Ardshir & les deux Darab, où l'on peut reconnaître le fils d'Hyſtaſpe, Artaxerxe & deux Darius.

Les Grecs comptent treize Rois depuis Cyrus juſqu'à l'invaſion d'Alexandre, & les Orientaux n'en nomment que neuf entre le chef de la Dynaſtie des Kainites, & l'époque où la Perſe devint une Province de la Macédoine.

Par une contradiction bien plus révoltante, il ſe trouve que les neuf Rois des Orientaux ont régné infiniment plus long-tems que les treize des Grecs; en effet, il n'y a qu'environ deux ſiècles d'intervalle entre la priſe de Babylone par Cyrus & l'aſſaſſinat de Darius Codoman, tandis que de Kaicobad au dernier Darab le Lebtarik compte 734 ans, & le Tarikh Montekheb 932 (*a*).

Enfin le contraſte eſt encore plus frappant, quand, après avoir lu la vie des Monarques Perſes dans les hiſtoriens de la Grèce, on vient à jetter les yeux ſur les actions des Princes qui leur correſpondent dans les annales de l'Orient.

On peut, à force de recherches, d'adreſſe & de conjectures heureuſes, concilier l'hiſtoire Grecque avec l'hiſtoire Orientale, depuis Darius, fils d'Hyſtape juſqu'à l'invaſion d'Alexandre; mais pour les premiers Monarques Kainites ils n'ont

(a) *Biblioth. Orient.* article *Caian.*

ſous aucun point de vue le plus léger rapport avec Smerdis le Mage, Cambyſe & Cyrus.

Après avoir peſé long-tems, au poids de l'impartialité, toutes les opinions que cette grande queſtion a fait naître, je me ſuis arrêté à une conjecture neuve qui ſatisfait à la plupart des conſéquences qui réſultent de la ſolution du problême.

Le Kaicobad, le Kaicaous & le Kai Coſrou, des Orientaux ne ſont certainement point Cyrus, Cambyſe & Smerdis le Mage; tous les traits de leur vie portent l'empreinte d'un ſiècle fabuleux, bien antérieur à celui où les Grecs, contemporains de Cyrus, commençaient à éclairer l'Europe; qu'on ſonge que pendant que le conquérant de Babylone fondait le ſecond empire des Perſes, Solon donnait des loix dans Athènes, Pythagore voyageait en ſage dans l'Aſie, Eſope écrivait ſes fables, & le goût s'épurait à la douce flamme du génie d'Anacréon; aſſurément à une telle époque les contrées voiſines de la Grèce devaient s'éclairer du reflet de ſes lumières ; & ſi les héros de la Perſe ne marchaient alors qu'avec la baguette des enchantemens il faut en conclure un anachroniſme, & reculer vers l'âge des fables les évènemens extraordinaires qu'on place vers l'âge de la raiſon.

Il paraît donc néceſſaire de couper le fil qui lie les premiers Princes Kainides à la Dynaſtie de Cyrus, & de rejetter les évènemens de leurs règnes vers les frontières du monde primitif.

Ce Kaicobad, ce Kaicaous, & ce Kaicoſrou dont les noms commencent tous les trois par le même mot, ſemblent former une claſſe particulière de Monarques Perſes, comme les Céſars de Rome ſont diſtingués de ſes Rois.

Nous avons vu que Kai en Pelhvien, ſignifie un géant ou un grand Roi ; aſſurément ni Cambyſe, ni Smerdis le Mage n'ont été des Encelade, encore moins des Marc-Aurèle. Pour Cyrus, il eſt prouvé que ſa taille n'était point coloſſale, & nous examinerons bientôt s'il mérite le nom de grand homme.

Au reste cette conjecture que j'avance s'accorde si bien, même avec les fragmens qui nous restent de l'histoire Orientale, qu'on a toujours regardé en Asie Kaicaous, le second de ces Rois, que je déplace, comme le Nimrod qui bâtit la tour de Babel (*a*), une foule de siècles avant l'avènement de Cyrus; c'est à ce titre que j'ai cité quelques anecdotes de la vie de ce Prince, dans l'histoire de Babylone (*b*).

Observons encore que le Lohorasp qui succède dans l'ordre de la Dynastie Kainide à Kai-Cosrou, n'est point son fils, & l'on peut aisément supposer cinq ou six cents ans entre leurs deux règnes, sur-

(*a*) Hyde *de Relig. Veter. Persar.* Abulfarage, *Dynast.* 4. *Biblioth. Orient.* article *Nimrod*, &c.

(b) *Histoire des Hommes*, partie de l'Histoire ancienne, tome 4, pag. 52.

tout quand on connaît dans quel cahos le tems nous a laissé la chronique Orientale.

Obligés, pour ne point gêner la marche de cet ouvrage, de circonscrire les discussions qui ne sont que savantes, nous terminons ici celle qui nous occupe; l'homme droit qui nous lit verra assez par le petit nombre de preuves que nous soumettons à ses lumières, que nous n'en imposons point à sa franchise, dans l'examen des préjugés qui déshonorent la majesté de l'histoire.

Afin de mettre de l'ordre dans ces premières annales de la Perse, qui jusqu'ici ont paru inaccessibles à toute espèce de méthode, nous avons adopté un plan particulier que nous allons exposer.

La vie des premiers Princes de la Dynastie des Kainides, mérite, par sa singularité du moins, de faire le sujet d'un chapitre de l'histoire des hommes.

Ces Princes seront censés séparés, par un intervalle immense de la Dynastie de

Cyrus : mais cet intervalle il eſt impoſſible de le fixer, quand on réunirait la Dialectique de Fréret, à l'érudition des Fourmont & des Gebelin.

En général, nous reſpectons trop notre ſiècle pour donner la Chronologie de la Perſe, avant l'avènement de Cyrus.

Le ſilence de l'Aſie, ſur les conquêtes de ce fameux Cyrus, nous obligera à recourir aux Grecs, pour donner d'abord une idée du roman philoſophique que ſon nom a fait naître, enſuite pour écrire ſon hiſtoire.

Depuis le Darius fils d'Hyſtaſpe, juſqu'au Darius qui fut détrôné par Alexandre, nous renouerons le fil qui lie leurs annales, ſuivant les Grecs, avec celles qui nous ont été tranſmiſes par les Orientaux, & cette réunion donnera une nouvelle authenticité à l'hiſtoire de la Perſe.

DE

TROIS MONARQUES PERSES

QUI NE SONT NI DE LA DYNASTIE DE KEYOMARAS, NI DE CELLE DE CYRUS.

Nous avons laiſſé les Turcs maîtres de la Perſe, par le déſaſtre du dernier Prince de la maiſon de Keyomaras; mais la révolution avait été trop ſubite pour être durable; l'Etat ſubjugué n'était point encore arrivé à ce point de décadence, où la conquête l'anéantit, l'invaſion d'Afraſiab n'avait fait que comprimer le reſſort de la machine politique : l'action fut bientôt ſuivie de la réaction, & la Perſe reprit ſon indépendance.

Au premier bruit de la victoire des Turcs, les regards de la patrie ſe tournèrent vers le vertueux Zalzer qui avait déjà été une fois le libérateur des Perses; on mit de nouveau à ses pieds la couronne de Keyomaras, mais le vieillard magnanime ne voulut pas, lorsque son ame n'était environnée que de ruines, gouverner les hommes dont il avait refusé d'être le maître, quand il se trouvait dans toute la force de l'âge ; il découvrit parmi les restes ignorés de la famille royale qu'Afrasiab avait tenté d'éteindre, un Prince qu'il jugea digne de régner, & sa main affaiblie par les ans, l'aida à monter les marches du Trône où il le fit asseoir.

KAICOBAD. Ce Roi fait par Zalzer ne fut point ingrat envers son bienfaiteur; tant que le sage vieillard vécut, il le traita comme un père dont la tête mûrie par l'expérience devait guider sa timide jeunesse. Zalzer fut alors le vrai souverain de la Perse, & quoiqu'il n'en eût pas le titre, il n'en régna que mieux, car il était sûr par-là de réduire l'envie au ſilence.

Dans la criſe où ſe trouvait la Perſe à l'avènement de Kaicobad, l'Etat avait encore moins beſoin d'un Roi que d'un Général. On ne voyait alors dans l'Empire qu'un ſeul homme qui ſçût maîtriſer la victoire, c'était le fils de Zalzer, le fameux Ruſtan. Le Roi lui donna une armée, & l'envoya contre l'uſurpateur de la Perſe.

Il y eut deux batailles. La dernière fut déciſive. Ruſtan, dans la mêlée s'élança avec tant d'impétuoſité contre Afraſiab, qu'il le renverſa de deſſus ſon cheval. Les Turcs veulent arracher au vainqueur ſa victime; mais le héros s'irritant des obſtacles qu'on oppoſe à ſon courage, ſaiſit le Prince qu'il avait terraſſé, lui lie les pieds & les mains avec des courroies, le place ſur ſon cheval, ſort avec lui du champ de bataille, & le jette dans un endroit écarté, au milieu des morts. Afraſiab, que ſa double chûte avait à peine bleſſé, dénoue avec ſes dents les courroies dont il était garotté, en lie les pieds & les mains d'un cadavre, & rejoint les débris de ſon armée fugitive. On voit beaucoup d'avantures pareilles dans nos anciens romans de chevalerie; il faut, quand on les rencontre dans l'hiſtoire, s'y arrêter un moment, ſans les infirmer & ſans contraindre à y croire.

La défaite des Turcs les obligea à ſortir de la Perſe; Kaicobad, tranquille poſſeſſeur du Trône qu'il devait à la grandeur d'ame de Zalzer, & à la bravoure de Ruſtan, s'occupa à rendre ſes peuples heureux & il y réuſſit. Le *Kai* qui précède les noms des Princes de cette Dynaſtie ſignifie donc ici, non un géant, mais un grand Roi.

On doit à Kaicobad l'inſtitution des meſures itinéraires, qu'on nomme paraſanges.

Il faiſait ſa réſidence dans Iſpahan, & cette ville du ſecond ordre, vivifiée par la personne du Prince, devint de son tems la capitale de la Perse.

D'anciens historiens Orientaux s'accordent à donner à Kaicobad six vingts ans de règne; le Tarikh Montekheb réduit cette espace à un siècle (*a*). Les Savans oisifs peuvent choisir de ces deux erreurs celle qui se concilie le mieux avec leurs systêmes de chronologie.

KAICAOUS (*a*) succéda à Kaicobad que les uns disent son père, & les autres son aïeul; il commença son règne par une invasion dans le Mazandran; l'expédition lui réussit, & il tua lui-même le Roi ennemi sur le champ de bataille.

Encouragé par ce succès, il tenta l'année suivante une expédition semblable dans la même contrée; mais comme, suivant l'usage des héros dans ces siècles primitifs, il exposait trop sa personne

---

(*a*) *Biblioth. Orient.* art. *Caicobad.*

(*b*) Mirkhond, *Hist.* sect. 13; d'Herbelot, *Biblioth. Orient.* art. *Caicaous*, *Nemrod*, &c.

dans la mêlée, il fut fait prisonnier, & demeura dans les fers, jusqu'à ce que le Thésée de la Perse, l'intrépide Rustan, vînt les briser.

Le libérateur de Kaicaous porta ensuite ses armes victorieuses dans la Syrie, dans l'Asie mineure & dans l'Egypte; par-tout la terreur de son nom fit tomber devant lui les portes des villes; & la Perse, du tems de ce héros, put avoir l'étendue qu'elle acquit dans la suite une seconde fois par les conquêtes de Cyrus.

Kaicaous, dont l'ame était inaccessible aux soupçons jaloux qu'inspire le despotisme, s'étudia autant à créer des distinctions pour Rustan, que celui-ci s'étudiait à les mériter; il lui fit épouser sa sœur, lui permit de donner des audiences sur le Trône, ayant le *tage* ou la thiare brodée d'or en tête, & ajouta à ses titres celui de *Pelhvan-Gihan*, qui signifie l'appui de la Perse.

Kaicaous eut d'un premier mariage deux fils, Siavek & Faramorz; quoiqu'il fût heureux dans le ſein de ſa famille, il ſongea à l'augmenter. Il y avait alors dans cette partie de l'Arabie qu'on nomme l'Hyemen, une Princeſſe célèbre dans tout l'Orient par ſa rare beauté ; le Roi de Perſe aurait cru s'humilier en la faiſant rechercher par la voie des Ambaſſadeurs ; il la demanda, l'épée à la main, à Zulzogar ſon père, qui, ſacrifiant ſa fierté à la crainte de perdre ſes Etats, l'accorda ſur-le-champ. Kaicaous ſatisfait, fit retirer ſon armée de l'Hyemen, & ſe livra avec ſécurité au plaiſir, comme s'il eût été au ſein de ſa capitale.

Un pareil mariage dont la violence avait été le principe, ne pouvait s'exécuter que ſous les plus ſiniſtres auſpices ; auſſi le Prince Arabe revenu de ſa première terreur, profita de l'yvreſſe générale où ſe livraient les Perſes, à la célébration des noces de leur Monarque, pour les attaquer dans leurs retranchemens ; les ſoldats ne ſe défendirent point, un grand nombre fut paſſé au fil de l'épée, & Kaicaous fut fait prisonnier avec tous les Seigneurs de sa Cour.

Ce désastre parvint aux oreilles de Rustan, & il fit des préparatifs formidables pour délivrer son Roi, ou pour le venger. Le brigand Arabe ne jugea pas à propos d'exposer son Trône & sa vie au hasard d'un combat ; il rendit ses prisonniers, à condition que l'armée des Perses évacuerait l'Hyemen ; Kaicaous, à ce prix, rentra libre avec sa nouvelle épouse dans sa capitale.

L'Hélene Arabe qui était la cause innocente de tant de sang versé, s'appellait Saudabah ; l'Orient a retenti de son nom ; cette Princesse ne le dispute qu'au Paladin Rustan pour le merveilleux de ses avantures.

Lorsque Saudabah arriva à la Cour de Perse, elle y trouva un fils de Kaicaous, remarquable par la douceur de ses mœurs, par les graces de son esprit & par sa rare beauté : c'était Siavek ; elle en devint éperduement amoureuse ; mais le Prince, que l'inceste effrayait, ne répondant point à sa passion, l'audacieuse Saudabah, toute entière à la vengeance, entra, le sein découvert, les cheveux en désordre & sa robe déchirée, dans le harem du Roi, & accusa Siavek d'avoir voulu la violer; c'est le sujet de la tragédie de Phédre; mais les Perses ne l'ont point fait valoir, parce qu'ils ont manqué d'Euripide.

Le dénouement de l'histoire Orientale n'est pas le même que celui de la fable Grecque. Phédre fut crue, il est vrai, mais Hipolyte ne mourut point. Kaicaous, qui s'était pressé de condamner son fils au supplice, réfléchissant sur ce que peut une femme en fureur, combattu entre la crainte de trouver coupables, soit un fils, soit une épouse qu'il aimait, voulut que le Ciel prononçât entre les deux accusés; on alluma un grand feu dans le palais, & l'épreuve se fit au milieu de toute la Cour.

Siavek ne balança point à s'élancer au milieu du brasier; le Ciel le protégea, disent les Orientaux ; il en sortit aussi intact que le vent qui passe au milieu de la flamme ; pour Saudabah, tourmentée par ses remords, elle n'osa hasarder l'épreuve ; son refus la trahit, & le Roi allait la faire mourir, si le généreux Siavek n'eût couronné son triomphe, en demandant sa grace.

Au milieu de toutes ces dissensions intestines de la Cour de Kaicaous, les Turcs, ennemis éternels des Perses, portèrent la guerre sur les frontières de l'Empire. Rustan & Siavek volèrent à la défense de la patrie, & contraignirent Afrasiab à faire la paix. Le traité qui l'avait amenée ne plut point à Kaicaous qui en témoigna un vif ressentiment. Siavek craignit les suites de cette intrigue de Cour, passa le Gihon, & se rendit dans le Turquestan, où Afrasiab l'accueillit avec amitié, & lui donna sa fille en mariage.

Les femmes étaient destinées à faire le malheur de Siavek. Un frère d'Afraſiab, jaloux du bonheur des deux époux, aſſaſſina le Prince, preſque dans le lit nuptial. Les Turcs regrettèrent ce héros; ils portèrent ſon deuil, mais ils ne le vengèrent pas.

L'épouſe de Siavek était enceinte dans le tems de cet aſſaſſinat; elle ſe vit elle-même ſur le point d'être égorgée par ſon oncle féroce; mais un ſage (car il y en a dans les Cours les plus dépravées), ſauva le fils & la mère; ce fils devenu grand, ſe retira dans la ſuite en Perſe, & ſe fit reconnaître de ſon aïeul, qui fut ſur le point de mourir de joie en le voyant.

L'arrivée de Kai-Coſrou (c'eſt le nom du fils de Siavek), à la Cour de Kai-caous alarma bientôt ſon oncle Faramorz qui juſques-là s'était cru l'héritier préſomptif de la Couronne; la diſcorde s'alluma entre les deux Princes; les Grands ſe partagèrent, & le Roi qui faiſait alors le ſiége de la capitale de l'Aderbigean, incertain ſur le choix, donna un pareil nombre de ſoldats aux deux rivaux, &

décida que celui qui se rendrait maître de la place serait Roi de Perse. Ce jugement, qui faisait du Trône le prix d'un service rendu à la patrie, est un peu plus sage, mais fut bien moins admiré que celui de Saudabah, où il prononça que quand on marchait sur des charbons ardens, on ne pouvait avoir violé une femme.

La capitale de l'Aderbigean fut prise par Kai-Cosrou, & la Perse le reconnut pour l'héritier de la Couronne.

Peu de tems après, Kai-Caous mourut; tous les Historiens conviennent qu'il avait régné cent cinquante ans; on ne vivait déjà plus qu'un siècle du tems de Cyrus, ainsi il ne faut point le confondre avec les Princes de sa Dynastie.

Ce Kaicaous fut, dit on, le Nemrod qui fit bâtir la tour de Babel (*a*). Ce nom

(*a*) Voyez l'Auteur du *Mefatih Aloloum* dans d'Herbelot, article *Nemrod.*

même de Nimrod, dérivé du *Nemurd* Persien, qui signifie l'immortel, désignait, ajoute-t-on, la longueur de son règne; il suit de tous les récits différens qu'on nous a transmis sur les Princes de ce nom, qu'on ne connaît parfaitement ni Nimrod ni Kaicaous.

On ne sait trop comment Kaicaous a mérité le surnom de Kai, car il ne fut ni un géant ni un grand Roi.

KAI-COSROU. A peine ce Prince fut-il monté sur le Trône, qu'il s'arma pour venger la mort de son père; cependant réfléchissant que le sang des peuples ne devait pas toujours couler pour les querelles des Rois, il proposa à l'Afrasiab qui gouvernait alors le Turquestan, de faire combattre en présence des deux armées douze guerriers de chaque Nation, & de rendre leur valeur arbitre de la destinée des Turcs & des Perses. Voilà le premier exemple que nous offre l'antiquité des combats singuliers; celui-ci est aussi célèbre dans l'histoire de l'Orient, que le combat des Horaces & des Curiaces dans les annales de Rome. La victoire fut aux héros de la Perse.

Malheureusement ces duels particuliers imaginés pour prévenir les grands massacres, ne remplissent presque jamais le but que les Rois humains se proposent. Kai-Cosrou fut obligé de faire marcher ses troupes contre Afrasiab pour arrêter une invasion dans ses Etats ; il le défit, le poursuivit jusques dans les montagnes de la Médie, & le mit à mort avec l'assassin de Siavek. Ce qui termina sa guerre.

Kai-Cosrou, Souverain à la fois de la Perse & du Turquestan, ne songea plus qu'à faire oublier à ses peuples, dans le sein d'une paix fortunée, les longs désastres dont ils avaient été les victimes.

Un des plus beaux traits de sa vie, est d'avoir cassé des Tribunaux convaincus d'avoir malversé ; il suffisait même que des Magistrats fussent odieux à la multitude, pour qu'il les déposât ; c'est aussi l'usage constant de cette Chine, qui garde depuis quatre mille ans ses mœurs & ses loix. Il faut que le citoyen paisible & vertueux aime l'homme public que le Souverain a fait arbitre de son honneur & de sa vie ; s'il se contentait de le craindre, il serait coupable, ou il y aurait un vice secret dans la législation.

Kai-Cosrou ne croyait point que la bravoure fût la première qualité des Monarques; cependant il savait exposer sa vie pour sauver celle de ses sujets. Un reptile monstrueux, de l'espèce sans doute du serpent de Bagrada qu'assiégea l'armée de Régulus, infestait les montagnes qui séparent la Perside de la Parthiène; les cultivateurs effrayés abandonnaient les campagnes; les chasseurs qu'on avait envoyés à sa poursuite avaient tous péri de ses morsures vénimeuses. Kai-Cosrou se présente devant le monstre, à la tête de ses gardes, se trouve un moment seul exposé à sa furie, redouble de courage dans ce moment terrible, & après s'être débarraſſé des replis qui commençaient à l'entrelaſſer, il vient à bout de lui ôter la vie ; il fit bâtir le lendemain, ſur le lieu où le ſerpent avait péri, un pyrée pour être un monument de ſa victoire.

Le dernier évènement du règne de Kai-Coſrou eſt un des traits les plus ſublimes qui pût honorer la vie d'un Marc-Aurèle ; il fit reſtituer à ſes ſujets toutes les ſommes qui avaient été levées ſur eux, & dont l'emploi n'avait pas été dirigé pour le bien de la patrie (*a*). Après ce grand exemple donné aux Souverains, ſentant ſa tête affaiblie par le poids de l'âge, il abdiqua le pouvoir ſuprême, & ſe retira dans un déſert. Il avait régné ſoixante ans. Comme ſes peuples ne purent découvrir le lieu de ſa retraite, on ſuppoſa dans l'Orient que cet homme chéri de la divinité s'occupait dans un coin du globe à rendre des oracles. N'a-

(a) *Biblioth. Orient.* au mot *Caikhoſru*, édit. de Paris de 1697, pag. 239, première colonne.

doptons point les rêveries des enthousiastes de sa mémoire. Assurément Kai-Cosrou ne fut point un Prophête, mais il fut un bon Roi, & par conséquent un grand homme.

Kai-Cosrou mourut, suivant les meilleurs critiques, sans laisser de postérité (a), & nous pouvons laisser un grand intervalle entre ce Prince & Lohorasp qui parait après lui dans l'ordre des Dynasties Orientales.

Après avoir long-tems erré, le flambeau de la critique à la main, autour des ténèbres de cette histoire primitive de la Perse, il m'a paru qu'on ne pouvait concilier les Grecs & les Orientaux, qu'en admettant ici le vuide que je suppose; on se convaincra encore plus de la jus-

(a) Voyez Mirkhond, *Hist.* sect. 14; ici il faut abandonner les Ecrivains cités par d'Herbelot, qui ont voulu renouer, en dépit des faits, le fil cassé de la généalogie des Rois Perses.

teſſe de ma conjecture, quand on lira la vie de Darius fils d'Hyſtaſpe.

Maintenant que le cahos des anciennes Dynaſties eſt débrouillé, je vais m'arrêter ſur Cyrus qu'on regarde comme le fondateur de la ſeconde Monarchie des Perſes; ici les faits vont ſe multiplier, & la plume d'un écrivain judicieux n'eſt embarraſſée que ſur leur choix : ajoutons que c'eſt proprement à cette époque que l'hiſtoire des Perſes commence pour tous les ordres de lecteurs, puiſqu'il n'y a de chronologie chez ce peuple que depuis le règne de Cyrus.

On m'objectera ſans doute que dans l'hypothèſe que j'adopte, il s'enſuit que la perſonne de Cyrus a été preſqu'entièrement inconnue à l'Orient, & ce nuage a beſoin d'être diſſipé.

D'abord nous n'avons des Orientaux qu'une hiſtoire mutilée de l'ancienne Perſe.

Enſuite quand le ſilence de l'Aſie ſerait auſſi profond qu'on le ſuppoſe, on le juſtifierait encore ſans renverſer les fondemens de l'hiſtoire.

Cyrus n'eſt peut-être un grand homme que pour l'Europe; tous les ouvrages où on en parle ne ſont guères que des copies ſerviles du roman de Xénophon; à cet égard on pourrait dire que le diſciple de Socrate a créé ſon idole, & en a élevé la ſtatue ſur ſa baſe.

Voyez ſeulement combien le Cyrus de Ctéſias diffère de celui de Xénophon: voilà deux ſtatues qui devraient paraître faites d'après le même modèle; cependant elles ne ſe reſſemblent pas plus que le gladiateur Borghèſe & l'Apollon du Belvedere. Liſons tout, oppoſons ſans préjugé les monumens aux monumens, & apprenons à nous défier des renommées.

Je ne veux point prévenir ici le jugement qu'on portera de Cyrus, d'après le roman de Xénophon, oppoſé à celui d'Hérodote, & rectifié par l'hiſtoire de Ctéſias; je me contenterai d'obſerver que s'il résulte des monumens les plus authentiques, que ce conquérant n'eut ni l'esprit législateur de Keyomaras, ni la valeur de Rustan, ni la sagesse profonde de Kai-Cosrou, il n'est pas étonnant que l'Orient l'ait confondu dans la foule des Rois dont les noms méritent d'être ensevelis avec eux dans la poussière de la tombe.

DE CYRUS,

SUIVANT LE ROMAN PHILOSOPHIQUE DE XÉNOPHON.

La plupart des diſciples de Socrate avaient adopté la chimère brillante de l'Optimiſme. Platon, pour améliorer l'eſpèce humaine, traçait le plan d'une République parfaite; Xénophon créait des Rois d'une nature ſupérieure aux autres hommes. Tous ces rêves magnifiques annoncent une ame vertueuſe, mais une imagination exaltée; il faut y applaudir dans un livre philoſophique, mais s'en défier en hiſtoire.

La Cyropédie ſemble un de ces rêves d'Optimiſte; c'eſt une eſpèce de poëme épique en proſe, qui a toujours le but moral, & quelquefois le ſtyle de notre Télémaque. Il eſt difficile, en voyant ces deux tableaux d'un gouvernement parfait, de n'en pas faire un éloge qui renferme la ſatyre indirecte de celui où l'on eſt né.

Perſonne n'a été trompé ſur le héros imaginaire de Fénélon; il n'en eſt pas de même de celui de la Cyropédie; comme l'ouvrage où on le met en ſcène, a moins de ce merveilleux qui fait le caractère de l'Epopée, on ne s'eſt point défié de l'heureuſe adreſſe que Xénophon avait employée pour faire paſſer les grandes vérités qu'il voulait dire à la Grèce, & peu à peu on s'eſt accoutumé à ranger ſon roman philoſophique dans la claſſe des livres d'hiſtoire.

En vain, de tems en tems, de beaux génies ont réclamé contre cette erreur de la multitude (*a*); la croyance était fixée; les Ecrivains, qui avaient pris pour guide

(*a*) Platon dit nettement que » Xénophon, » dans ſa Cyropédie, a écrit ce que Cyrus devait » être, plutôt que ce qu'il était «. *De Legibus*, ſect. 3.

Xénophon, & rejetté Ctéſias, n'avaient pas le courage de revenir ſur leurs pas; ils n'oſaient, comme notre Clovis, brûler ce qu'ils avaient adoré, & adorer ce qu'ils avaient brûlé.

Analyſons un moment cette Cyropédie; c'eſt en dépouillant ſon écorce fabuleuſe, que nous découvrirons le noyau de vérité qu'elle renferme.

Cyrus, fils de Cambyſe, Roi de Perſe, regardait Perſée comme la tige de ſa race. Ovide, au défaut des hiſtoriens, nous a fait connaître ce Perſée; on ſait qu'il naquit du commerce de Danaë & de Jupiter métamorphoſé en pluie d'or; qu'il vainquit Méduſe, dont la tête clouée ſur un bouclier pétrifiait les hommes; & qu'après avoir

---

Cicéron, dans une Lettre adreſſée à ſon frère, répète le Jugement de Platon : *Cyrus ille à Xenophonte, non ad finem Hiſtoriæ ſcriptus, ſed ad effigiem juſti imperii.*

Mais il eſt inutile d'alléguer des autorités au Lecteur Philoſophe qui a lu deux pages de la Cyropédie.

terrassé un monstre marin qu'aucun Naturaliste n'a vu, avec le secours d'un cheval aîlé qui n'exista jamais, il épousa Andromède. Tel est le chef de la première Dynastie des Rois Perses, dans le livre que Xénophon appelle l'histoire de Cyrus.

A l'époque où le Cyrus de Xénophon naquit, la population de la Perse ne montait en tout qu'à cent vingt mille hommes (*a*), ce qu'il est difficile de croire, quand on sait que la Perse est infiniment plus étendue que la France, située sous un ciel plus heureux, & de plus agrandie par les conquêtes des successeurs de Keyomaras.

Cyrus fut élevé jusqu'à douze ans avec tous les jeunes gens de sa nation, sans aucune de ces distinctions qui corrom-

---

(*a*) *Cyroped.* lib. 1, cap. 2 ; je ne citerai que quand il s'agira de faits extraordinaires & dénués de vraisemblance.

pent l'ame neuve encore des Princes, & leur font oublier qu'ils font hommes, au moment où ils devraient s'en fouvenir le plus, pour apprendre à les gouverner. A cet âge, on l'envoya à la Cour d'Ecbatane; Aftyage, fon aïeul maternel, lui fit beaucoup d'accueil, & le traita à l'égal de fon fils Cyaxare. Le luxe des Mèdes ne pervertit point les mœurs de Cyrus, & le fpectacle de fa vertu auftère fut un grand fujet d'étonnement pour la Cour dépravée d'Aftyage.

Ce Prince n'avait pas feize ans, quand, dans une grande bataille entre les Affyriens & les Mèdes, il fit de fi grands prodiges de valeur, qu'il détermina la victoire incertaine du côté où il combattait. Lorfque les troupes d'Aftyage furent retirées dans leur camp, lui feul refta fur le champ de bataille, & prit un grand plaifir à contempler les cadavres entaffés, dont la campagne était couverte; ce trait de férocité naiffante n'eft accompagné d'aucune réflexion dans le roman du disciple de Socrate (*a*).

Cependant Astyage mourut, & Cyaxare son successeur, toujours en guerre contre l'Assyrie, confia à Cyrus, malgré sa grande jeunesse, le commandement de son armée.

Il arriva dans cette campagne un évènement bien peu dans nos mœurs; des Ambassadeurs d'un Roi Indien vinrent trouver Cyaxare, & lui demandèrent de quel droit il osait troubler le repos de l'Asie; ils ajoutèrent qu'ils avaient ordre

---

(*a*) Il y aurait, au reste, bien des choses à reprendre, même dans la partie philosophique du Roman de Xénophon; par exemple, lorsque Cambyse donnant les dernières leçons à son fils, pour se gouverner avec sagesse à la Cour d'Ecbatane, lui dit que *l'homme qui veut vaincre ses ennemis doit l'emporter sur eux en dissimulation, en fourberie & en brigandage.* Voyez *Cyropéd* lib. 1, cap. 9; ce ne sont pas là les maximes que le vertueux Fénélon met dans la bouche de l'Instituteur de Télémaque.

de paſſer de ſon camp dans celui des Aſſyriens, de peſer mûrement les raiſons des deux Puiſſances belligérantes, & de faire déclarer leur maître contre l'infracteur des traités; les deux armées admirèrent la philoſophie des Indiens, mais n'en décidèrent pas moins à la pointe de l'épée leur querelle.

Cyrus, comme on le prévoit ſans doute, répondit à l'attente des Mèdes & des Perſes; il commença par une expédition dans l'Arménie, auſſi ſingulière en ſon genre que l'ambaſſade des Indiens. Il faut rapporter le fait tel qu'il eſt dans cet ouvrage, malgré ſon peu de vraiſemblance; il nous fera du moins connaître la belle imagination de Xénophon, s'il ne nous dévoile pas le vrai caractère de Cyrus.

Le Roi qui régnait alors en Arménie était vaſſal de Cyaxare; il avait profité des troubles de l'Aſie pour refuſer le tribut qu'il était obligé de payer; mais n'ayant pas le courage d'être libre entièrement, il avait laiſſé ſon pays ſans défenſe, expoſé aux invaſions des Mèdes. Cyrus deſcendit en Arménie, s'empara des tréſors du Roi, fit priſonniers ſes enfans & ſes femmes, & le força lui même à ſe rendre à diſcrétion; alors il aſſembla un conſeil de guerre, y admit les grands Seigneurs d'Arménie, & inſtruiſit le procès du Monarque.

L'interrogatoire qu'on fit ſubir au Roi d'Arménie, renferme des détails curieux; il nous apprend quelle était la tournure de l'eſprit philoſophique adopté par l'Ecole de Socrate (*a*).

CYRUS.

Je te conſeille de ne point trahir la vérité, ſi tu veux te faire eſtimer, même des Juges qui te condamnent.

LE ROI.

Je me dois la vérité à moi-même, & j'aurai le courage de la dire.

(*a*) *Cyroped.* lib. 3, cap. 1.

CYRUS.

Tu as été vaincu par Aftyage; il t'a pardonné, pourvu que tu te rendis tributaire des Mèdes; pourquoi as-tu enfreint la foi des traités ?

LE ROI.

Je voulais fecouer le joug; je fentais qu'il m'était glorieux de jouir de l'indépendance, & de la tranfmettre aux héritiers de ma Couronne.

CYRUS.

Il y a de la nobleffe dans ta façon de penfer; mais fi un de tes efclaves fe dérobait à ton joug, & qu'il tombât de nouveau entre tes mains, louerais-tu fon courage, ou l'enverrais-tu au fupplice ?

LE ROI.

Dût ma franchife m'être fatale, j'avoue que je l'enverrais au fupplice.

Le Roi d'Arménie venait de prononcer

ſa propre ſentence. Tigrane, ſon fils, voyant qu'il ſe perdait, prit la parole pour le défendre; il fit ſentir à Cyrus que la Juſtice entre les Etats ne ſe réglait pas de la même manière qu'entre les individus; il lui prouva qu'il était de ſa politique même de traiter avec généroſité ſa victime; & le Héros Perſe, que la franchiſe du Roi captif avait commencé à ébranler, ne put réſiſter à l'éloquence perſuaſive de Tigrane.

CYRUS.

Si je t'accorde la vie, de quel prix paieras-tu ma clémence?

LE ROI.

Mon tréſor & mes troupes ſont à toi.

CYRUS.

Je te laiſſe la moitié de tes troupes, puiſque tu es en guerre avec Babylone. Quant à ton tréſor, je te le rends; je me contente, pour te punir de ton parjure, de doubler le tribut que tu payais à Cyaxare.

LE ROI.

Va, ce que tu me laiſſes n'eſt pas moins à toi que ce que tu m'emportes. — Mais, tu ne me parles pas d'une épouſe que j'adore.

CYRUS.

Ton épouſe! que me donneras-tu pour ſa rançon?

LE ROI.

Tous les biens que je dois à ta généroſité.

CYRUS.

Et pour celle de tes enfans?

LE ROI.

Le même prix, s'il était deux fois en mon pouvoir.

CYRUS.

Eh bien, tu me devras une fois plus de richeſſes que tu n'en poſsèdes. — Ta

femme

femme & tes enfans ſont libres ; remontes ſur ton Trône, crains les Dieux, & ſois à jamais l'ami de Cyrus (*a*).

Le Héros qui ſubjuguait ainſi le cœur de ſes ennemis, ne devait point en avoir ; Cyrus en eut ; le plus formidable était, comme nous l'avons déja dit, le Roi d'Aſſyrie, qui, ligué avec Créſus, Sou-

(*a*) Il y a dans le Roman de Xénophon, un trait charmant qui termine ce dialogue. Cyrus avait demandé à Tigrane de quel prix il racheterait la liberté de ſa femme, qu'il aimait éperdument ; *Je donnerais juſqu'à mon ame pour qu'elle ne ceſſât point d'être à moi.* — Le lendemain, quand le Roi d'Arménie fut rentré dans ſa Capitale, les hommes ne s'entretenaient que de la ſageſſe de Cyrus, & les femmes de ſa bonne mine. Tigrane demanda à ſa femme ce qu'elle penſait de la perſonne du Héros. — Moi, je n'ai point jetté les yeux ſur lui. — Sur qui vos regards étaient-ils donc fixés ?—Sur celui qui offrait de donner juſqu'à ſon ame, pour je ne ceſſaſſe point d'être à lui. — *Après ce mot*, ajoute Xénophon, *le couple heureux alla ſe repoſer.*

verain de la Lydie, menaçait le grand Empire d'Ecbatane. Les Perses ne laissèrent pas aux confédérés le tems de ravager la Médie. Il se donna une bataille décisive, où les Assyriens furent défaits, & leur Roi tué.

Cyrus, pour profiter de sa victoire, poursuivit avec vigueur les débris de l'armée fugitive. *C'est alors*, dit Xénophon, *que les Perses, au sein d'une nuit profonde, se virent éclairés par une lumière extraordinaire, venue du ciel; prodige qui remplit tous les esprits d'une terreur religieuse* (a). Grace à cette *lumière extraordinaire*, Cyrus atteignit les dernières cohortes Assyriennes, passa au fil de l'épée tout ce qui fit résistance, & s'empara des retranchemens.

Cyrus, dont le vrai caractère perce toujours malgré les voiles dont le couvre

(*a*) *Cyroped.* lib. 4, cap. 2; il est vrai que l'Historien commence sa période par ce mot *on raconte.*

la douce éloquence de Xénophon, ne fut clément qu'à demi envers les ennemis qu'il avait vaincus ; il accorda la vie, il eſt vrai, à ceux que les Perſes, laſſés par le carnage, ceſsèrent de tuer ; mais un grand nombre d'entr'eux ayant tenté de ſe ſauver des tentes où on les retenait captifs, le Héros de notre Hiſtorien philoſophe, les punit d'avoir cédé à l'inſtinct de la nature ; & les envoya tous au ſupplice.

Cependant l'ombrageux Cyaxare commençait à être jaloux de la gloire de Cyrus ; ce Général avait ſurpris une permiſſion de l'Empereur, pour ſe faire ſuivre des Mèdes de bonne volonté, & il s'était trouvé que preſque toute l'armée avait marché avec lui à la conquête de l'Aſſyrie. Cyaxare, dont le vin avait égaré la raiſon, la nuit où les Mèdes l'abandonnèrent, ſe trouvant le lendemain ſeul dans ſon camp avec ſes Eunuques & ſes eſclaves, entra dans une juſte colère ; il envoya quelques perſonnes à la découverte de ſon neveu, pour lui porter l'ordre de revenir ſans délai, s'il ne voulait éprouver les effets de ſon reſſentiment; mais Cyrus, dont l'ambitieuſe politique prévoyait tout, avait forcé ſa marche, & les envoyés de Cyaxare ne l'atteignirent que lorſqu'il eut ſubjugué la moitié de l'Aſſyrie; on remit au Conquérant l'ordre de l'Empereur, en préſence de toute l'armée, & Cyrus, sûr de la bonne volonté des Mèdes, ne craignit pas de lire publiquement ſa réponſe.

CYRUS A CYAXARE.

» Pourquoi dis-tu que nous t'avons » abandonné ? Quand on triomphe de » ſes ennemis, on n'eſt jamais abandonné » de ſes amis; il eſt vrai que nous nous » ſommes un moment écartés de toi, mais » c'eſt pour mieux aſſurer la tranquillité » de ton empire, en étouffant juſqu'aux » germes de la guerre; je penſais que » mes ſervices paſſés plaidaient aſſez ma » cauſe, & je ne m'attendais pas que tu

» me fisses l'affront de me rappeller, au
» moment où j'achevais de mettre l'Assyrie à tes pieds ; écoute, je ne fais
» que commencer ma carrière glorieuse,
» & ce n'est pas de ma jeunesse que ton
» expérience devrait prendre des leçons ;
» cependant je te conseille d'abord de ne
» pas retirer tes faveurs à ceux à qui tu
» les accordes, pour ne point changer en
» haine leur reconnaissance : ensuite de
» ne pas reprocher à une armée entière
» qu'elle t'abandonne, de peur de lui
» apprendre à se rire de ton ressentiment.
» Adieu ; je me rendrai près de toi quand
» il ne me restera plus rien à faire pour
» tes intérêts & pour ma gloire (*a*) «.

Cette lettre n'a sûrement jamais été écrite que par Xénophon ; mais elle peint assez bien le caractère altier de Cyrus.

(*a*) *Cyroped.* lib. 4, cap. 5 ; je dégage cette lettre de tout le verbiage oratoire de Xénophon ; mais je conserve le sens avec tout le scrupule qui convient à la fidélité de l'Histoire.

Il paraît, au reſte, par la ſuite du récit de notre Hiſtorien, que le Héros Perſe ne chercha pas, malgré l'audace de ſa lettre, à rompre tout-à-fait avec Cyaxare; il envoya à ce Prince la partie la plus précieuſe à ſes yeux du butin qu'on avait fait en Aſſyrie, c'eſt-à-dire des Eunuques & des femmes; le voluptueux Deſpote parut alors s'appaiſer, & il ſe conſola dans ſon Serrail de n'avoir plus d'armée.

Cyrus n'avait point été oublié dans ce partage des dépouilles Aſſyriennes; il s'était fait préſenter entr'autres par les Officiers Mèdes, deux Muſiciennes & une femme de Suze, qu'on regardait comme la plus belle de l'Aſie; il eſt vrai que pour jouir à-la-fois du plaiſir de ſatisfaire ſes paſſions, & du mérite de paraître les dompter, il propoſa de céder ſes captives à ceux dont elles feraient le bonheur. Un Mède ſe préſenta, & demanda une des Muſiciennes, qui fut conduite à l'inſtant dans ſa tente; pour ſa compagne, il paraît, par le ſilence de

Xénophon, qu'elle resta, avec la beauté de Suze, en partage à Cyrus.

Cette beauté de Suze avait cependant des droits, par son rang & par ses malheurs, à la générosité de Cyrus, si ce Prince avait eu réellement, comme on le suppose, la tempérance des Scipion & des Charles XII; elle s'appellait Panthée, & était femme d'Abradate, Roi de la Susiane; les Perses l'avaient trouvée dans le camp Assyrien, lorsqu'il avait été abandonné au pillage, & Cyrus, en la renvoyant à son époux, n'aurait été que juste; mais la pacifique équité est-elle faite pour entrer dans l'ame des Conquérans? Cyrus retint sa captive auprès de lui, & la donna en garde à Araspe, qui, à force de la voir, l'aima, & adoucit, par ses soins, les effets de la froide cruauté de Cyrus.

La vertu de Panthée la rendit, dans la suite, à Abradate. Cyrus, qui sçut l'amour d'Araspe, & qui ne voulut, sans doute, perdre ni son ami, ni sa maitresse, écarta le premier, en l'engageant à aller jouer en Lydie le rôle vil & odieux d'espion ; alors Panthée demanda à Cyrus que son époux remplaçât le Mède infidèle à qui il l'avait donnée en garde ; le Héros y consentit, & le Roi de la Susiane vint acheter, au prix de cent chariots armés de faulx, la liberté d'embrasser son épouse.

On connaît la fin tragique de cette Héroïne ; on sait qu'ayant appris qu'Abradate avait été tué en combattant au service de Cyrus, elle ne voulut pas survivre à l'époux qu'elle n'avait jamais cessé d'aimer, qu'elle se fit conduire auprès de son cadavre, s'y perça d'un coup de poignard, & mourut en l'embrassant ; il n'y eut que son suicide qui put la dérober aux chaînes de Cyrus.

Cependant le Prince Perse, dont la soif pour les brigandages militaires était irritée par les jouissances, méditait déja de couronner ses conquêtes en Assyrie par la prise de Babylone ; il fut bientôt encouragé dans ſon projet par les conſeils du transfuge Gobryas.

Ce Gobryas était un des plus grands Seigneurs de Babylone ; on avait appellé ſon fils à la Cour, pour lui donner la fille même du Deſpote Aſſyrien en mariage. Pendant les apprêts de ces nôces Royales, il y avait eu une partie de chaſſe, où le jeune Gobryas avait ſignalé ſon adreſſe d'une manière ſi peu circonſpecte, que l'héritier préſomptif du Trône de Babylone, furieux de ce manque de reſpect, avait tiré ſon poignard, & l'avait aſſaſſiné. On peut juger de l'indignation du vieil Satrape, quand au lieu de lui amener ſon fils, devenu le gendre d'un Roi, on lui apporta ſon cadavre ; il renferma cependant dans ſon cœur ſes projets de vengeance, tant que le meurtrier de ſon fils ne régna pas ; mais à peine fut-il monté ſur le Trône, qu'il vint offrir ſes ſervices à Cyrus, & lui traça le plan de la conquête de Babylone.

Gobryas ajouta à ses conseils, ses trésors, ses places, & sa fille, qu'il voulut lui remettre entre les mains, comme des otages de sa fidélité; le Héros Perse ne voulut point lui céder en générosité, mais il s'y prit d'une manière bien extraordinaire pour payer les services du nouvel allié; il ordonna à ses soldats de passer au fil de l'épée tout ce qu'ils rencontreraient d'hommes armés dans la plaine où est située Babylone; de faire prisonnier le reste des habitans, & de mettre leurs biens au pillage; ensuite il proposa de donner à Gobryas les fruits de ce brigandage : tout le monde y consentit. » Il ne faut pas, fait dire naïvement Xénophon aux Perses, que ce » Satrape Assyrien nous prenne pour un » ramas d'hommes sans aveu, parce que » nous ne buvons pas comme lui dans » des coupes d'or; il verra bien par nos » procédés que nous n'avons pas besoin » d'être riches pour être généreux (*a*) «.

(*a*) *Cyroped.* lib. 5, cap. 4.

Le bruit des bienfaits de Cyrus envers les transfuges se répandit en Assyrie. Il y avait un grand Seigneur qu'on avait fait Eunuque, parce que sa beauté avait été vantée par une des maitresses du Despote de Babylone. Cet infortuné, nommé Gadatas, livra aux Perses les places dont il était le maître, & on le récompensa d'une façon militaire, ainsi que Gobryas.

Cyrus, se croyant déja maître de Babylone, se présenta devant les murs de cette ville, & défia le Roi à un combat singulier ; l'Assyrien ne jugea pas à propos d'exposer sa personne, & le sang des peuples continua à couler pour sa querelle.

Cependant la tactique de ces tems-là était trop informe pour que les Perses pussent espérer d'emporter d'assaut une ville aussi régulièrement fortifiée que Babylone ; les hostilités de part & d'autres se terminèrent à de vaines bravades. Cyrus, dont l'activité inquiète se serait vainement consumée dans les détails d'un long siége, quitta l'Assyrie, & revint avec son armée trouver Cyaxare. Ce Prince n'attendait pas si-tôt le Héros Perse; mais sa politique fit taire son ressentiment; il se réconcilia avec lui, &, suivant l'usage des Despotes, il combla d'amitié l'homme puissant qu'il n'osait punir.

Pendant que toute la Médie, était en fêtes pour la réunion de Cyrus & de Cyaxare, il vint au camp, des Ambassadeurs d'un Roi des Indes, qui offrirent au Héros Perse de grandes sommes d'argent, avec l'amitié de leur Maître; Cyrus, *qui*, comme le dit Xénophon, *ne méditait rien que de grand* (a), médita alors d'envoyer ces Ambassadeurs en qualité d'espions chez les ennemis pour éventer tous leurs projets; & ce qui est

(a) Cette phrase se trouve au chapitre 5 du livre 6 de la *Cyropédie*, c'est-à-dire à la suite du fait que j'expose.

encore plus extraordinaire, il ne tenta point de leur pallier l'odieux du rôle qu'il voulait leur faire jouer. » Les espions vulgaires, leur dit-il, se déguisent en esclaves, & n'apprennent que » des nouvelles d'esclaves ; mais des » hommes tels que vous qui négocient » avec les Rois, savent tous les secrets » d'où dépend la fortune des Empires «. — Les Ambassadeurs Indiens n'étaient plus ces fiers représentans de l'arbitre des Rois qui, quelques années auparavant, avaient voulu juger les querelles de Babylone & d'Ecbatane. Devenus plus vils que Cyrus même, ils se laissèrent persuader d'aller trahir la confiance de Crésus & du Roi d'Assyrie, pour vendre leurs secrets au brigand qui cherchait à les détrôner ; il est difficile de prononcer ici de quoi une ame honnête doit s'indigner de plus, de la proposition de Cyrus, de l'obéissance des Indiens, ou du silence de l'Historien philosophe.

Cependant le Conquérant Perse ne fut que trop bien servi par son vil stratagême; instruit par les Indiens de tout ce qui se passait dans le camp des confédérés, il marcha à leur rencontre, & leur livra une bataille sanglante qui décida du sort de l'Assyrie; les Perses remportèrent une victoire complette. Crésus, qui était Généralissime de l'armée de la ligue, se sauva dans Sardes, son vainqueur l'y suivit, fit le siége de la ville, & l'emporta d'assaut.

Ici Xénophon trahit la vérité d'un fait connu de toute l'antiquité; il s'agit de l'arrêt qui condamna l'infortuné Roi de Lydie à périr dans les flammes. L'Historien, qui sentait combien cette froide barbarie pouvait nuire à la mémoire de son Héros, raconte bien différemment toute cette avanture (*a*); il suppose que Cyrus fit venir son prisonnier, & lui parla comme s'il était libre encore : *Sou-*

(*a*) *Cyrop.* lib. 7, cap. 2.

viens-toi, lui dit-il, *que le vainqueur & le vaincu sont également hommes*; ensuite il lui demande l'histoire de son origine, Crésus répond qu'il a passé sa vie à consulter les Oracles, & à leur désobéir; il raconte comment ayant conjuré les Dieux de le rendre père, il n'en avait obtenu que deux enfans, l'un muet de naissance, & l'autre donnant les plus grandes espérances, mais mort à la fleur de son âge. » Le dernier Oracle que je » consultai, ajouta le Roi de Lydie, » me dit que pour être heureux, je n'a- » vais qu'à me connaître moi-même; » je ne me suis que trop méconnu, sans » doute, quand je me suis chargé du far- » deau de cette guerre, & que j'ai osé » lutter, sans génie & sans vertu, contre » le Héros de l'Asie «. Cyrus, qui, comme tous les Héros guerriers aimait à être adulé, pardonna, par reconnaissance, à son prisonnier, lui rendit son Trône & sa femme, & l'engagea à l'accompagner dans le cours de ses conquêtes.

On croirait, ſans doute, au récit de tous ces exploits militaires, que Cyrus était un grand Capitaine, & on ſe trompe; écoutons un moment l'Hiſtorien philoſophe, qui a été le Fénélon du Prince de Parme.

» Cyrus eſt repréſenté, dans la Cyropédie, comme un grand Général; mais » c'eſt une des raiſons qui me fait croire » que Xénophon n'a voulu faire qu'un » Roman. En effet, il n'eſt pas vraiſemblable qu'un grand Capitaine ſe ſoit » formé tout ſeul & tout-à-coup parmi » des peuples auſſi peu expérimentés que » les Perſes; cela eſt d'autant moins vraiſemblable que ce Conquérant n'avait » pas beſoin de talens ſupérieurs pour » vaincre des ennemis tout-à-fait ignorans dans l'art militaire; & ce qui ne » l'eſt pas encore, c'eſt l'humanité & » la généroſité que montre, après la victoire, le Cyrus de la Cyropédie; il » contient ſes ſoldats; il empêche le ſac » des villes; il reſpecte la valeur dans

» l'ennemi qui se défend ; il semble occupé à épargner le sang des vaincus.

» Voilà un caractère bien différent de » celui des Monarques de l'Asie. Mais » ce qui n'est pas moins étonnant, c'est » que le Héros de Xénophon joint les » lumières aux vertus. Grand homme » d'Etat, il connaît l'art de manier les » esprits ; affable & d'un accès facile, il » sait descendre jusqu'au dernier de ses » sujets sans s'abaisser ; il sait récompenser avec un seul mot ; il sait faire » un refus sans déplaire ; il a des amis, » & il vit familièrement avec eux, sans » en être moins respecté ; en un mot, » il ne se croit sur le Trône que pour » veiller au bonheur de ses peuples ; il » est bien difficile d'imaginer que ce soit » là le Cyrus des Perses (*a*) «.

(a) *Cours d'Etude pour l'instruction du Prince de Parme*, par l'Abbé de Cordillac, tome 6, pag. 156.

Le dernier exploit de Cyrus, fut la prise de Babylone. Ici Xénophon s'écarte moins de la tradition de toute l'antiquité sur les détails de ce fameux siége, & nous ne pouvons, à cet égard, que transcrire ce que nous avons déja dit dans l'Histoire d'Assyrie.

La perte de Babylone, comme celle de Ninive, vint du fleuve qui semblait en faire la force; après deux ans de vaines tentatives, Cyrus, voyant que le siége n'avançait pas, fit construire, au-dessus de Babylone, un vaste canal, séparé de l'Euphrate par une simple chaussée; il était destiné à faire couler, dans le besoin, toutes ses eaux dans un lac voisin. Babylone, qui ne se doutait pas d'un stratagême qui tendait à lui enlever son fleuve, tranquille sur sa destinée, se livrait à tous les plaisirs qu'une paix profonde autorise; un jour qu'on y célébrait une fête solemnelle en l'honneur de Bachus : fête que, suivant l'usage, les débauches de la nuit devaient couronner,

Cyrus fit rompre la chaussée qui séparait le fleuve du canal, & posta deux corps de troupes, l'un au-dessus, & l'autre au-dessous de la ville, avec ordre d'entrer dans le lit de l'Euphrate, à l'instant qu'il serait guéable. Vers le milieu de la nuit le fleuve se trouva à sec; alors les Perses, conduits par les deux transfuges Gobryas & Gadatas, s'avancèrent jusqu'aux portes d'airain qui fermaient les descentes du quai, les trouvèrent ouvertes, grace à la licence des gardes yvres & endormis, pénétrèrent jusqu'au centre de la ville, sans trouver de résistance, forcèrent le Palais, & s'emparèrent ainsi de Babylone.

Le Roi Assyrien, au premier bruit du tumulte, accourut, l'épée à la main, pour défendre ses trésors, ses femmes & sa vie; mais le transfuge, dont il avait assassiné le fils, & celui qu'il avait fait Eunuque, fondirent sur lui, & le massacrèrent; ce grand évènement termina la guerre, & mit fin à l'Empire d'Assyrie.

Cyrus, enflé de sa victoire, prit les mœurs des nations subjuguées, & désira d'être traité avec tout le faste Oriental; *Mais*, dit Xénophon, *il fut bien aise de s'en faire prier par ses amis, pour ne point attirer sur lui la haine publique* (*a*); alors il créa un corps de dix mille gardes, chargés de veiller à la sûreté de sa personne; il se rendit invisible aux Perses, à qui il devait la plus grande partie de sa gloire, & ses amis furent tous remplacés par de vils Eunuques.

Xénophon donne, sans le savoir, une idée de la dégradation des mœurs de son Héros, par la puérile magnificence qu'il étala à une espèce d'entrée triomphale qu'il fit dans Babylone.

Dès la pointe du jour toutes les rues étant jonchées de fleurs, & hérissées de barrières pour empêcher que la foule ne dérangeât l'ordre de la marche, l'armée

(*a*) *Cyroped.* lib. 7, cap. 6.

entière de Cyrus commença à défiler avec les machines de guerre & les chariots armés de faulx; ensuite les portes s'ouvrirent, & on en vit sortir un cortège nombreux de Prêtres, chargés de tout l'appareil des sacrifices.

Le triomphateur parut alors, monté sur un char dont rien n'égalait la magnificence. Il avait un long manteau de pourpre qu'il laissait flotter, & sa tête était ceinte d'un riche diadême. Aussi-tôt qu'on l'apperçut, tout le monde se prosterna devant lui, & l'adora. Xénophon remarque expressément, que, jusqu'à cette époque, aucun Perse n'était descendu à ce dégré d'avilissement.

Le reste du cortége était composé de deux cens chevaux de l'écurie de Cyrus, ayant des harnais brodés, & des freins d'or, de trois cens Eunuques du Palais, armés de javelots, & du corps nombreux des gardes; la journée se termina par des Tournois.

Quand Cyrus eut mis ordre à l'adminiſtration politique de l'Aſſyrie, il fit un voyage à Ecbatane, & il y épouſa la fille de Cyaxare, qui lui apporta en dot le Trône de la Médie.

Non content de tant de riches héritages, il voulut encore agrandir ſes Etats par la voie des conquêtes ; il aſſembla, dit notre Hiſtorien, une armée compoſée de ſix cens mille fantaſſins, de cent vingt mille hommes de cavalerie, & de deux mille chars armés de faulx (a). A la tête de cette nuée de ſoldats, il dévaſta tout le pays qui s'étend des gorges du Liban juſqu'à la mer Rouge ; il s'empara enſuite de l'Egypte, & toutes les nations de l'Aſie & de l'Afrique, dont la puiſſance pouvait lui faire ombrage, ſubirent ſucceſſivement ſon joug dominateur. Son Empire, au rapport de Xénophon, embraſſait une grande partie du monde alors connu ; il était borné à l'Orient

(a) *Cyroped.* lib. 8, cap. 5.

par la mer Rouge, à l'Occident par l'Egypte & l'archipel de la Grèce, au Midi par l'Ethyopie, & au Nord par le Pont-Euxin ; toutes les régions de ce vaste Empire étaient alternativement vivifiées par la présence du Souverain ; & quand la vieillesse vint blanchir ses cheveux, il se partageait encore entre les trois grandes Métropoles de l'Asie ; il passait le printems à Suze, l'été à Ecbatane, & l'hiver à Babylone.

Enfin, le Roman Philosophique de Xénophon tombe à son dénouement ; une nuit, dit l'Historien (*a*), Cyrus vit, en songe, un homme d'une taille colossale qui fixa ses regards sur lui, & lui dit : *Apprête-toi, les Dieux t'attendent.* Le Héros, à son réveil, réfléchissant sur ce songe bisarre, en conclut que sa fin approchait ; il se leva avec fermeté, & alla offrir des sacrifices sur le sommet d'une montagne. » Dieux immortels,

(*a*) *Cyroped. loc. citat.*

» s'écria-t-il, je vous rends graces de ce » qu'au milieu de ma gloire, je ne me » suis jamais oublié; accordez des destins » prospères à ma patrie, ainsi qu'à ma » Maison, & faites que je meure comme » j'ai vécu «.

L'orgueil de Cyrus ne l'abandonna pas sur le bord de la tombe; il assembla ses enfans & ses amis autour de son lit de mort. » Je sens, leur dit-il, que ma dernière » heure approche; mais j'expire sans re- » mords; je me suis couvert de gloire, » dans un âge encore tendre, & je n'ai dégé- » néré ni dans l'adolescence, ni dans l'âge » viril; il m'a toujours semblé que mon » génie & mes forces croissaient avec » les années qui surchargeaient ma tête; » je n'ai rien entrepris que de grand, » & tout ce que j'ai entrepris, je l'ai » exécuté; j'ai trouvé ma patrie une » simple province de l'Asie, & je la laisse » à ma mort la maitresse du monde. » Malgré tant de motifs d'être vain, j'ai » toujours été modeste. Si donc le bon-

» heur a été donné à l'humaine nature ; » j'ose dire que j'ai été heureux, & que » j'en aurai le renom jusqu'à la dernière » postérité «.

Cyrus ayant prouvé de cette manière combien il était *modeste*, commence une longue dissertation Métaphysique, avec ses enfans, sur l'immortalité de l'ame ; on croit entendre Socrate dans sa prison, quand il s'entretient avec les Philosophes ; l'organe de sa voix ne s'affaiblit que quand la matière fut épuisée ; alors il donna sa main à baiser, se voila le visage, & mourut.

C'est à ce petit nombre de faits qu'on peut réduire les huit Livres du Roman de Xénophon ; tout le reste n'est qu'un tissu de harangues frivoles, dont le but moral est quelquefois philosophique, mais qui, d'ordinaire, semblent travaillées péniblement dans le cabinet d'un déclamateur (*a*). Je ne reviens pas de

(*a*) Voici une de ces harangues ; car je dois

ma surprise, quand je vois que c'est sur la foi d'un pareil monument qu'on a

---

aux hommes, à qui je dis la vérité, une sorte d'apologie de ma franchise; elle est tirée de la *Cyropédie*, liv. 4, chap. 4. Cyrus, blessé de voir que les Perses le cédaient en bravoure aux Hyrcaniens & aux Mèdes, assemble les Capitaines de sa nation, & leur parle ainsi:

» Mes amis, les dépouilles de l'Assyrie sont » entre nos mains; mais qu'importe d'acquérir » des richesses, si nous ne savons pas les con- » server? C'est de la cavalerie qu'il nous faut, » & nous n'en avons point; nos armes, je le sais, » peuvent nous suffire pour vaincre; mais dès » que l'ennemi est en déroute, comment achever » notre triomphe? Ignorez-vous l'avantage » qu'ont sur des fantassins les gens de trait? » Ils les insultent avec impunité, sachant bien » qu'ils ne courent pas plus de danger qu'à » frapper des arbres qui restent sans mouvement » après leur chûte. Profitons donc de l'occasion » qui se présente pour former parmi nous une » bonne cavalerie: nous avons trouvé, dans le » camp ennemi, les meilleurs chevaux de l'Asie, » *nous possédons des brides, des selles & des* » *harnais*; les armes nécessaires pour combattre fait de Cyrus un grand homme ; assurément on n'est pas plus à portée de connaître le Héros Perse par les rêves philosophiques de la Cyropédie, qu'on ne connaît les Héros de l'ancienne Grèce par les Chants de l'Iliade.

» dans cette circonstance sont sous nos mains. » Que faut-il de plus ? Des hommes ; en manquons-nous ? *Y a-t-il rien qui soit plus à nous que nous-mêmes ?* On m'objectera, sans doute, » que l'équitation est un art ; *vraiment ceux qui » y excellent maintenant, n'y excellaient pas » avant de l'avoir appris ;* si on ajoute qu'un » grand homme de cheval s'est instruit à le » monter dès sa plus tendre jeunesse, je de- » manderai à mon tour par quelle bisarrerie » on suppose *que des enfans ont plus de facilité » à s'instruire que les hommes faits.* De plus, » cet exercice a ses agrémens ; *il est bien plus » doux d'aller à cheval qu'à pied*, &c. Je n'ai pas le courage d'aller plus loin, la traduction de Xénophon aurait trop l'air d'une satyre.

DU CYRUS D'HÉRODOTE.

TARQUIN voulant inſtruire ſon fils, & n'oſant permettre qu'à ſes ſignes d'interpréter ſa penſée, s'occupait dans ſon jardin à abattre toutes les têtes des pavots; nous avons emprunté cette baguette de Tarquin, pour abattre les préjugés par-tout où nos regards les rencontrent, & plus ils élèvent leurs têtes altières, plus nous nous attachons à les ſéparer de leurs tiges ; malheur à l'Ecrivain qu'une politique puſillanime enchaîne, quand il préſente, à l'homme qu'il veut éclairer, le miroir de l'Hiſtoire !

Hérodote, antérieur au ſiècle philoſophique de Socrate, n'a point imaginé de Roman moral ſur Cyrus; il a écrit franchement ſon Hiſtoire d'après les contes répandus ſur ſa perſonne, ſoit dans la Grèce, ſoit dans l'Orient. Ce Cyrus ne ressemble en rien à celui de la Cyropédie. Voyons si les lumières que nous n'avons pu obtenir de la philosophie de Xénophon, nous les obtiendrons de la bonhommie d'Hérodote.

Cyrus, suivant l'Historien que j'analyse (*a*), était né de Mandane, fille d'Astyage, & d'un Cambyse, simple citoyen de la Perse, alors soumise aux Mèdes. A peine les deux époux furent-ils unis, que le vieil Empereur vit, en songe, sortir du sein de Mandane, une vigne qui ombrageait toute l'Asie; il consulta alors les Mages d'Ecbatane, qui, ayant un grand intérêt à mener cette ame superstitieuse par la terreur, lui prédirent que son petit-fils régnerait un jour en sa place; l'Oracle allarma le Despote, qui, persuadé, comme le furent depuis les Caligula & les Néron, qu'il

---

(*a*) Voyez pour ce chapitre le premier livre d'Hérodote, qui porte, dans l'original Grec, le titre de *Clio*.

pouvait faire périr son successeur, donna des gardes à Mandane, & ordonna à Harpage, son grand-Visir, d'étouffer l'enfant aussi-tôt qu'il serait né; le Ministre, à demi-vertueux comme tous les hommes sans caractère, n'osa frapper lui-même la victime d'Astyage, mais il commanda à un pâtre de la Médie, nommé Métradate, de l'exposer sur les rochers du Caucase, pour l'y faire mourir. Par un de ces concours singuliers d'évènemens, qui n'ont de vraisemblance que celle que le théâtre autorise, il se trouva que la femme du pâtre venait d'accoucher d'un enfant mort; on le revêtit des langes précieux dont Cyrus était enveloppé, & on l'exposa, dans un berceau de cèdre, sur le sommet d'un rocher; pour Cyrus, il fut élevé dans une vile chaumière, sous le nom du fils de Métradate.

Cependant l'orgueil de cet enfant, sous les haillons dont il était revêtu, décelait de tems en tems le sang des Rois qui coulait dans ses veines. Un jour qu'en ſe jouant, des pâtres de ſon âge l'avaient élu pour leur Souverain, un fils d'Artambar, un des principaux Satrapes de la Médie, qui s'était mêlé à ces jeux, ayant déſobéi à Cyrus, celui-ci le fit frapper de verges ; le Satrape, inſtruit de ce prétendu attentat par ſon fils éploré, le mena tout ſanglant à Aſtyage, & à l'inſtant Métradate, ainſi que Cyrus, eurent ordre de ſe rendre à la Cour d'Ecbatane.

La vue de Cyrus, la fineſſe de ſes traits, ſon âge, quelques traits de reſſemblance avec Mandane, jettèrent des ſoupçons dans l'eſprit du vieil Deſpote ; il interrogea Métradate en ſecret, le força, par ſes menaces, à un aveu qu'il redoutait lui-même, & convaincu enfin de la juſteſſe de ſes preſſentimens, il trama un affreux projet de vengeance contre Harpage.

Ce Miniſtre devait ſouper le ſoir avec l'Empereur, qui l'avait inſtruit que Cyrus vivait, & qu'il rendait graces aux Dieux que ſon ordre barbare n'eût pas été exécuté. Ce Prince, pour rendre ſa reconnaiſſance plus éclatante, avait invité au feſtin le fils d'Harpage; ce dernier s'empreſſa à ſe rendre au Palais; mais à peine eut-il paſſé le ſeuil de l'appartement du Roi, que les Satellites du Tyran le maſſacrèrent, coupèrent ſon corps en morceaux, & en ſervirent à table la chair déguiſée en forme de venaiſon. Harpage d'abord parut inquiet de ne pas voir ſon fils; mais le reſpect lui ferma la bouche; on lui préſenta le plat abominable qui renfermait les reſtes infortunés de ce qu'il avait de plus cher, & il en mangea. Alors le monſtre couronné tournant ſur lui des regards, où ſon ame atroce était empreinte, lui demanda s'il était content du mets dont il venait de ſe raſſaſier; le Miniſtre répondit qu'on n'en ſervait pas de meilleur à la table des immortels. Eh bien, ajouta le Tyran, apprends quelle eſt la manière de l'apprêter; en ce moment un Eſclave apporta à Harpage une corbeille couverte d'un voile; celui-ci l'entrouvrit, & apperçut les pieds, les mains & la tête de ſon fils; un père, qui n'a jamais contrarié la nature, meurt à l'inſtant d'un pareil coup de tonnerre. Harpage, élevé à la Cour d'un Deſpote, ne parut pas même ébranlé; il dit que le Roi était le maître de la vie de ſes ſujets, & ſe retira tranquillement chez lui, pour donner aux triſtes reſtes de ſon fils, les derniers devoirs de la ſépulture.

Cependant l'empereur Mède, vengé d'Harpage, n'était rien moins que tranquille; il aſſembla de nouveau les Mages d'Ecbatane, leur raconta toute l'hiſtoire de Métradate, & leur demanda conſeil ſur ce qu'il ferait de la perſonne de Cyrus. La politique de ces Prêtres s'accorda, pour cette fois, avec l'humanité; ils dirent, au Deſpote ombrageux, que puiſque l'élève de Métradate avait été élu Roi par des enfans, l'Oracle ſe trouvait accompli, & qu'on ne devait plus craindre de le voir usurper un jour le Trône de la Médie. Cette réponse calma les inquietudes d'Astyage, & il se détermina à envoyer Cyrus en Perse.

Le jeune Héros se vit à peine maître de lui-même, qu'il tenta de le devenir de ses concitoyens. Il commença par contrefaire une lettre d'Astyage, qui l'autorisait à assembler les Perses, & quand la diète se tint, il gagna si bien les esprits par son éloquence particulière, qu'on lui déféra unanimement la Couronne.

Astyage apprit, du fond de son Serrail, la nouvelle de la révolte de la Perse; il envoya, contre le nouveau Roi, une armée formidable, qui fut battue, & pour se venger, il fit pendre les Mages qui lui avaient conseillé de donner la vie à Cyrus.

Cette exécution ne rendit pas le courage aux Mèdes consternés; on livra une seconde bataille, où les rebelles furent encore vainqueurs; celle-ci termina la guerre, parce qu'on fit prisonnier Astyage;

alors Cyrus joignit l'Empire de la Médie au Trône de la Perse.

Crésus, Roi de Lydie, allarmé de voir Cyrus rompre l'équilibre de l'Asie, marcha contre lui, mais il ne fit qu'affermir ce colosse sur sa base. Sardes, sa capitale, fut emportée d'assaut par les Perses; lui-même tomba entre les mains d'un vainqueur courroucé, qui le condamna à périr dans les flammes : nous verrons, dans l'Histoire de Lydie, par quelle merveille ce Roi infortuné survécut à son supplice.

Les peuples de l'Ionie & de l'Eolie, qui avaient refusé d'abord l'alliance de Cyrus, apprenant ses conquêtes, lui envoyèrent des Ambassadeurs pour reconnaître son empire, & pour l'engager à les protéger; le Héros leur répondit par cet apologue. » Un joueur de flûte, assis » sur le bord du rivage, voyait les poissons se jouer sur la surface de l'Océan; » il prit son instrument, persuadé qu'il » les attirerait à lui par sa douce mélodie;

» mais après avoir fait long-tems retentir » les échos des rochers du son de sa » flûte enchanteresse, voyant son attente » frustrée, il jetta son filet, & quand il » le sentit chargé, il le vuida sur le ri- » vage; les poissons commencèrent à fre- » tiller sur le sable humide; il est bien » tems, leur dit alors le musicien, de » sauter près de moi, il fallait y venir » quand je vous appellais aux doux sons » de ma flûte; maintenant vous êtes à » moi, & je ne vous dois rien (a) «.

(*a*) Notre la Fontaine, qui a puisé chez les Anciens la plus grande partie de ses Fables, parce qu'il avait la bonhommie de ne pas se croire assez d'esprit pour les inventer; la Fontaine, dis-je, a arrangé à sa façon l'apologue d'Hérodote, & la voici.

Tircis, qui, pour la seule Annette,
Faisait résonner les accords
D'une voix & d'une musette,
Capable de toucher les morts,
Chantait un jour, le long des bords

Le ſens de l'apologue était trop clair pour échapper à la pénétration des Am-

---

D'une onde arroſant des prairies,
Dont Zéphire habitait les campagnes fleuries,
Annette cependant à la ligne pêchait;
Mais nul poiſſon ne s'approchait.
La bergère perdait ſes peines;
Le berger, qui, par ſes chanſons,
Eût attiré des inhumaines,
Crut, & crut mal, attirer des poiſſons;
Il leur chanta ceci : » Citoyens de cette onde,
» Laiſſez votre Nayade en ſa grotte profonde;
» Venez voir un objet mille fois plus charmant;
» Ne craignez point d'entrer aux priſons de la belle :
» Ce n'eſt qu'à nous qu'elle eſt cruelle;
» Vous ſerez traités doucement;
» On n'en veut point à votre vie :
» Un vivier vous attend, plus clair que le cryſtal;
» Et quand à quelques-uns l'appât ſerait fatal,
» Mourir des mains d'Annette, eſt un ſort que j'envie «.
Ce diſcours éloquent ne fit pas grand effet;
L'auditoire était ſourd auſſi bien que muet.
Tircis eut beau prêcher : ces paroles miellées,
S'en étant au vent envolées,

baſſadeurs ; auſſi de retour en Grèce, ils répandirent l'allarme par-tout, & engagèrent les peuples, menacés par le Conquérant, à s'armer pour défendre leur indépendance.

Heureuſement pour les Grecs, Cyrus

Il tendit un long rets. Voilà les poiſſons pris :
Voilà les poiſſons mis aux pieds de la bergère.

O vous Paſteurs d'humains, & non pas de brebis,
Rois, qui croyez gagner par raiſon les eſprits
D'une multitude étrangère,
Ce n'eſt jamais par-là que l'on en vient à bout,
Il y faut une autre manière ;
Servez-vous de vos rets ; la puiſſance fait tout.

Livre X, Fable XI.

On voit que la moralité eſt toute de notre Fabuliſte ; & quelle moralité ! à qui eſt-ce qu'on s'adreſſe dans cet apologue, eſt-ce à Cromwel ou à l'élève Royal des Montauſier ? Bon la Fontaine, que ne deſcendais-tu au fond de ton cœur ? tu y aurais trouvé cette morale douce, la ſeule qui ſoit utile à l'homme : & rival de Fénélon, tu n'aurais pas ſongé à te faire l'interprète des Hobbes & des Machiavel.

était trop occupé à conserver ses premières conquêtes, pour songer à en faire de nouvelles; à peine avait-il quitté la Lydie, qu'elle se révolta; le Héros Perse consulta Crésus, qu'il traînait toujours à sa suite, comme ôtage de la fidélité de ses peuples, & celui-ci, dont l'ame était affaissée, sans doute, sous le poids de ses infortunes, répondit que l'unique moyen d'ôter aux guerriers de la Lydie le sentiment de la liberté, était de les amollir insensiblement par l'introduction du luxe; Cyrus suivit ce conseil de la lâcheté; dès que l'émeute fut appaisée, on força les Lydiens à prendre la robe traînante des Perses, à chausser les brodequins, à substituer des leçons de musique & de danse aux exercices violens de la Gymnastique; ils devinrent alors des femmes, & on réussit sans peine à en faire des esclaves.

Cyrus, tranquille de ce côté, se disposa à la conquête de Babylone; la marche de son armée fut interrompue, dit le bon Hérodote, par un fleuve de Gind, qui se jettait dans le Tygre; comme le Héros songeait aux moyens de le traverser, un cheval blanc, consacré au Soleil, qui se trouvait parmi ses escadrons, s'élança dans le fleuve, & n'ayant pu rompre son cours impétueux, se noya. Les Despotes sont toujours étonnés quand la nature leur résiste; Xerxès, en pareille circonstance, fit frapper de verges le Pont-Euxin; Cyrus, à qui la vengeance était plus facile, partagea le fleuve rebelle en trois cents soixante canaux, & par ce moyen l'anéantit. Les travaux des Perses, pour seconder le ressentiment puéril de leur Prince, retardèrent d'un an la prise de Babylone.

Enfin cette ville superbe, long-tems la Métropole du monde connu, tomba sous le pouvoir de Cyrus; le calcul des richesses qu'on y trouva accumulées lassa jusqu'à la cupidité des Conquérans. Notre Historien dit que dans la répartition des tributs, tandis que l'Asie entière nourriſſait l'armée & la Maiſon de Cyrus pendant les deux tiers de l'année, la ſeule ville de Babylone était obligée de le faire pendant quatre mois. Le Héros, ayant étouffé avec art juſqu'au germe des révoltes parmi les Aſſyriens, quitta leur capitale pour entreprendre de nouvelles conquêtes.

La première contrée que menaça l'ambition effrénée de Cyrus, fut celle des Maſſagètes; non que ce peuple eût jamais ſongé à offenſer les Perſes; mais, dit naïvement Hérodote, *le Héros croyait ſa nature ſupérieure à celle des hommes*, & il ne voulait pas qu'il y eût un ſeul coin du globe habité qui ne ſentît les effets de ſon pouvoir.

Les Maſſagètes ne venaient que d'être civiliſés; c'était une nation altière qui ne reſpirait que la guerre. Dans leurs inſtitutions Spartiates, (que je ſuis bien loin, ſur la foi d'Hérodote, de garantir) ils ne connaiſſaient que le phyſique de l'amour, & ils ſatisfaiſaient publiquement ce beſoin des ſens; par une contradiction politique bien ſingulière, ces Scythes, qui affectaient un ſi profond mépris pour le ſexe, étaient gouvernés par une femme; on appelle Thomyris celle qui régnait alors: Cyrus, avant de lui faire la guerre, la demanda en mariage.

Il était évident qu'en s'abaiſſant à demander la main d'une Scythe, le Conquérant voulait un Sceptre, & non une femme. Auſſi Thomyris le refuſa, & Cyrus paſſa l'Araxe avec ſon armée pour ſubjuguer les Maſſagètes.

Le Conquérant (& je ſuis toujours l'interprète du crédule Hérodote) le Conquérant, dis-je, eut en chemin un ſonge ſingulier qui lui cauſa d'étranges allarmes; il vit pendant la nuit Darius fils d'Hyſtaſpe, qui s'élevait dans les airs, ſoutenu par des aîles énormes, dont l'une ombrageait l'Aſie, & l'autre l'Europe; un rêve ſiniſtre eſt toujours, pour les Deſpotes, l'annonce de quelque grand crime; Cyrus crut que Darius conſpirait contre ſa vie, & ſur la foi de ſon rêve, il partait pour l'en punir, lorſqu'Hyſtaſpe lui propoſa de ſe rendre lui-même en Perſe, afin de s'aſſurer de la perſonne de ſon fils. L'ame du Héros ne commença à ſe raſſurer que lorſqu'il vit l'Araxe entre lui & le père de Darius.

L'expédition de Cyrus commença ſous d'heureux auſpices; il défit les Maſſagètes, & prit priſonnier Spargapiſe, fils de leur Souveraine; il eſt vrai qu'il ne jouit pas long-tems de ſon triomphe; le Prince Maſſagète, amené dans le camp des Perſes, ne put dévorer en ſilence ſon opprobre; il demanda qu'on le déliât un moment, & à peine une de ſes mains fut-elle libre, qu'il ſe perça d'un coup de poignard.

Cet évènement remplit Thomyris de fureur; déterminée à venger ſon fils, ou à ne pas lui ſurvivre, elle préſenta la bataille aux Perſes, & les Maſſagètes, qui avaient épouſé le reſſentiment de leur Reine, ſe battirent avec tant de bravoure, qu'ils remportèrent la victoire; Cyrus fut tué lui-même dans le combat. Thomyris, maitresse du cadavre de ce Conquérant, lui fit couper la tête, & la plongeant dans un vase plein de sang: *Rassasie-toi*, lui dit-elle, *de ce sang humain que tu as tant aimé à répandre.* — Hérodote dit que de toutes les opinions répandues en Orient sur la mort de Cyrus, celle qu'il expose est la plus vraisemblable, & il serait à souhaiter que la grande tragédie de la vie de Cyrus se fût dénouée ainsi, pour l'exemple de tous ces prétendus grands hommes, qui mettent la gloire à dévaster la terre, afin qu'elle parle d'eux, & à régner sur des déserts.

HISTOIRE VRAISEMBLABLE DE CYRUS.

S'IL ne nous restait d'autres monumens sur Cyrus, que les Ouvrages de Xénophon & d'Hérodote, ce ne serait point au Philosophe à écrire son Histoire.

Heureusement il existe, dans le Livre le plus précieux des Grecs du moyen âge, dans la savante *Bibliothèque* de Photius, l'analyse d'une Histoire des Perses, qui porte tous les caract res de la vérité; c'est-là qu'on voit peint de face ce Cyrus, que les autres Ecrivains n'ont dessiné que de profil; Ctésias, qui l'a écrite, a passé une partie de sa vie à la Cour des successeurs de ce Conquérant; il a consulté les annales de la nation, il a puisé dans les archives des Rois; on ne trouve point dans ses récits les merveilles que l'Historien sans génie substitue à l'intérêt qui résulte du choix heureux des tableaux ; son style est simple comme les faits qu'il expose, & si ce qu'il dit n'a pas quelques droits à la croyance des siècles, il faut adopter le pyrhonisme le plus absolu, & brûler tous les livres d'histoire (*a*).

(*a*) Au reste, de tout tems les bons esprits qui discutent en silence, & qui pèsent les opinions des hommes, ont porté le jugement le plus favorable de l'Histoire Perse de Ctésias ; voyez seulement ce qu'en disait il y a quarante ans le célèbre Traducteur de Quintilien en pleine Académie.

» Les Anciens, à la réserve de Plutarque, » (qui avait des raisons pour ne point aimer » Ctésias) ne nous ont point donné une idée » désavantageuse de cet Historien. Denys d'Ha- » licarnasse, Diodore de Sicile, Strabon, Pline, » Athénée, Xénophon même, comtemporain de » l'Auteur, le citent avec éloge.... Il est en- » tièrement contraire à Hérodote, il est vrai ; » mais lequel doit être censé le mieux instruit : » d'Hérodote, qui ne parlait que sur la foi » d'autrui, qui écrivait dans un tems où les » Grecs avaient peu de commerce avec les » Perses, & ne les connaissaient que par les

La Vie de Cyrus n'eſt point entière dans l'Extrait que le Savant Patriarche d'Alexandrie nous a donné de Ctéſias ;

» maux infinis qu'ils en avaient reçus : ou de » Ctéſias, qui avait paſſé dix-ſept ans en Perſe, » non dans un coin de cet Empire, mais à la » Cour, qui était Médecin d'Artaxerxe, qui, » à cette qualité, joignait un grand ſens, était » conſulté ſur les affaires d'Etat, qui fut chargé » de négociations très-importantes, qui parle » comme témoin oculaire d'une partie des cho- » ſes qu'il rapporte, & qui était plus à portée » que perſonne de ſavoir bien ce qu'il n'avait » pas vu ? Eſt-il vraiſemblable qu'un homme » qui jouait un rôle à la Cour, eût entrepris » d'écrire l'Hiſtoire des Perſes pour ſe désho- » norer par des fables qui pouvaient être dé- » menties & par les Perſes mêmes, & par les » Grecs qui avaient ſervi dans l'armée du jeune » Cyrus ? Je ne crains donc point d'avancer que » pour ce qui regarde l'Hiſtoire des Perſes, » Ctéſias mérite plus de créance qu'Hérodote, » &c «. Voyez *Extraits de Photius*, par l'Abbé Gedoyn, dans la petite édition des Mémoires de l'Académie des Belles-Lettres, tome 21, note de la page 433.

ainsi nous serons contrains d'en remplir les lacunes par le très-petit nombre de faits vraisemblables que nous trouverons épars dans les Historiens de l'antiquité, même dans Xénophon & dans Hérodote (*a*).

Il est probable qu'à l'époque où Cyrus naquit, les Mèdes se trouvaient la Puissance dominante de l'Asie. La Perse, alors dégénérée aux yeux des étrangers, par l'incapacité des successeurs de Keyomaras, ignorait le secret de sa force; je dis de sa force, car l'Etat n'ayant point été dégradé par la contagion du luxe conservait tout son ressort, & il ne lui man-

(*a*) En général la base de ce chapitre est le Livre de Ctésias, qui a pour titre : *Persicarum rerum*, & dont on trouve l'Extrait *Photii Myriobiblon sive Bibliothèca*, édition in-fol. d'Oliva, donnée par Paul-Etienne en 1611, *Cod.* 72. Il n'est pas inutile d'observer ici que la Vie de Cyrus, suivant Ctésias, ne se trouve dans aucune de nos Histoires Universelles.

quait qu'une tête pour faire mouvoir des millions de bras. Cette tête se rencontra enfin, & la Perse devint la première Monarchie du globe.

On ignore l'origine de Cyrus, ainsi que celle de la plûpart des Héros de l'antiquité qui ont fondé des Empires; on le croit communément fils de Cambyse; mais c'est encore un problême de savoir si ce Cambyse était Roi; l'Achœmène, qu'on suppose la tige de cette Maison (*a*), & qui n'est célèbre que par la Fable de l'Aigle qui le nourrit dans son berceau (*b*), ne paraît point dans les listes soit Grecques, soit Orientales des Souverains de la Perse; il pourrait se faire que Cambyse, originairement Maire du Palais sous quelques Despotes fainéans, eût envahi un Sceptre que lui seul était

(*a*) Xerxès, un des descendans de Cyrus, tirait vanité d'être de la famille d'Achœmène. *Herod.* lib. 7.

(*b*) Ælian. *de Animal.* lib. 12, cap. 21.

digne de porter; alors Cambyſe repréſenterait le Pepin de la France, & Cyrus ſon Charlemagne.

Quant à l'alliance contractée entre Cambyſe & l'Empereur Mède, par Mandane, fille d'Aſtyage, qu'on ſuppoſe mère de Cyrus, c'eſt un anachroniſme auſſi révoltant que celui de la rencontre d'Enée & de Didon dans Carthage.

Tous les détails de l'enfance de Cyrus ſont perdus pour nous, & il ne faut pas les regretter. A ce prodigieux éloignement de nos regards, les grands coloſſes ne font de l'effet que quand ils commencent à ſe mouvoir. Que nous importe de ſavoir ce qu'on penſait d'un Héros dans le tems qu'il ne penſait pas? Laiſſons Cyrus agiter ſeul ſes hochets, & occupons-nous de lui au moment où il fonde des Empires.

Dès que Cyrus vit que ſa nation avait un caractère, il réſolut de l'occuper à de grandes choſes; les grandes choſes, pour un Roi qui n'a pas la philoſophie de Marc-Aurèle, ſont de dévaſter beaucoup de pays, de détrôner beaucoup de Rois, & de forcer beaucoup de bouches oiſives à déraiſonner ſur la gloire des conquêtes.

Lorſque Cyrus ſongea à relever la Monarchie des Perſes, il n'y avait dans l'Aſie que deux Puiſſances qui puſſent lui faire ombrage; c'était Babylone & Ecbatane; mais toutes deux dégradées par pluſieurs ſiècles de molleſſe, ne ſe ſoutenaient, aux yeux des nations, que par le ſouvenir de leur ancienne force: Ecbatane ſur-tout, qui, par la faibleſſe des ſucceſſeurs d'Arbace, s'était laiſſé démembrer par ſes propres Satrapes; auſſi ce fut la première proie vers laquelle le vautour des Perſes dirigea ſon élan.

Cyrus, à la tête d'une armée formidable, parut ſur les frontières de la Médie. Aſtyage vint lui-même à ſa rencontre, & une ſeule bataille décida du ſort des deux Empires; le Prince Mède fut défait ſans reſſource, & contraint de chercher un asyle dans les murs d'Ecbatane.

Le Héros Perse ne laissa pas sa victoire imparfaite; il poursuivit l'Empereur Mède dans la capitale de ses Etats, en fit le siége, & l'emporta d'assaut.

C'est ici que le caractère atroce du Conquérant commence à se déployer; les détails que rapportent à ce sujet Ctésias font frémir; j'en ai déja parlé dans l'Histoire d'Astyage, mais il faut y revenir dans celle de Cyrus, pour apprendre avec quelle audace les Grecs se sont joué quelquefois des renommées.

Astyage, croyant sa capitale prise par son ennemi, n'eut pas le courage de mourir sur la brèche de son palais à demi forcé; il se cacha dans un souterrein, sous la sauve-garde d'Amytis sa fille, & de son gendre Spithame; mais Cyrus, qui ne se croyait pas encore assez puissant pour feindre une générosité qui pouvait lui être dangereuse, se fit amener Spithame & Amytis, avec leurs deux enfans, Spitace & Mégaberne, & ordonna qu'on les appliquât tous à la torture, pour les forcer à indiquer la retraite d'Astyage.

Le bruit de cette froide barbarie, peut-être même les cris que la douleur arrachait aux victimes du Tyran parvinrent jusqu'à l'Empereur Mède; le désespoir lui rendit un courage qu'une terreur moins grande lui avait fait perdre; il osa sortir de son asyle, & se livrer lui-même entre les mains de Cyrus.

Si le Conquérant Perse avait eu l'ombre de la générosité que lui prête le Sophiste Xénophon, il aurait senti la grandeur d'ame d'Astyage; mais son cœur d'airain n'était point fait pour s'ouvrir aux douces impressions de la nature & de la pitié; il répondit au Prince Mède, en ordonnant à son Ministre, Œbarès, de le charger de fers.

Cependant Amytis était belle; les larmes que la douleur lui avaient fait répandre, n'avaient servi qu'à animer ses charmes tranquilles; le brigand couronné osa aspirer à plaire à la tendre victime qu'il s'était plu à faire tourmenter; Amytis sçut déguiser avec art l'horreur que la vue de Cyrus lui inspirait, & ce trait de prudence sauva Astyage.

Cyrus, sur le point de confiner Amytis avec de viles esclaves dans le fond d'un serrail, fit réflexion qu'elle était du sang des Empereurs, que sa puissance, mal affermie par des victoires, pouvait être cimentée d'une manière plus durable par une alliance avec le dernier Souverain de la Médie; alors il préféra, au crime de jouir d'Amytis, la politique de l'épouser; mais il avait besoin encore de verser du sang pour réparer ses torts envers la fille d'Astyage, & ce sang, tout précieux qu'il était, fut versé sans remords.

Amytis était mariée à Spithame; Cyrus condamna ce Mède à mort, parce qu'il avait déclaré qu'il ignorait l'asyle d'Astyage, & il l'envoya au supplice.

Le Tyran n'attendait que l'instant où le bourreau ferait tomber la tête de Spithame, pour conduire sa veuve éplorée à l'autel; il lui présenta sa main encore dégouttante du sang de tout ce qui lui était cher, & voilà, après ses brigandages militaires, le plus sacré de ses titres au Trône d'Ecbatane.

Cyrus, maître par ce mariage, sinon du cœur de son épouse, du moins de sa main, fit sortir Astyage du cachot où il le tenait renfermé, & lui laissa dans la Médie de vains honneurs sans pouvoir.

Pendant qu'Astyage gouvernait, comme Satrape de Cyrus, les Etats où il avait long-tems régné sans rival & sans maître, les peuples de la Bactriane, alliés des Mèdes, s'armaient pour le défendre; Cyrus vola à leur rencontre, & leur livra un combat, qui n'aboutit qu'à répandre beaucoup de sang; les deux partis restèrent maîtres du champ de bataille, & s'attribuèrent la victoire.

Après cette action, les Généraux consentirent à une trève; on entra en pourparler, ce qui aurait dû se faire avant la bataille; Cyrus déclara qu'il était l'ami & le gendre d'Astyage, & les Bactriens rougissant de leur erreur, la réparèrent en mettant bas les armes, & ce qui nous paraît bien extraordinaire encore, en se rendant vassaux des Perses.

Le Héros passa de Bactres chez un peuple Scythe, que les Orientaux appellent les Saces; ceux-ci n'avaient aucun démêlé ni avec les Mèdes, ni avec les Perses; tranquilles au sein de leurs montagnes, à peine savaient-ils le nom du brigand qui venait donner des fers à l'Asie; comme ils étaient peu préparés contre cette invasion, d'abord ils se défendirent mal; Cyrus les tailla en pièces, & fit prisonnier leur Roi Amorgès.

Ce désastre remplit les Saces de cette fureur qui, chez les peuples encore neufs, tient lieu de courage. Sparethra, femme de leur Souverain, se mit à leur tête, & la guerre recommença avec beaucoup d'acharnement.

L'Historien que j'analyse dit que l'armée de Sparethra était composée de trois cents mille hommes, & de deux cents mille femmes. Ce récit est exagéré, peut-être, mais le fonds n'est pas sans vraisemblance; observons que la Scythie, par sa prodigieuse population, a toujours été regardée comme la pepinière du genre humain. De plus, les Saces, ainsi que nos Tartares errans, trop peu civilisés pour se rassembler dans des villes, traînaient toujours leurs femmes à leur suite, & l'exemple, le besoin, le préjugé national, tout concourait à faire de ces femmes autant d'Amazones; tout cela n'est point dans nos mœurs, mais on peut le justifier sans être accusé de paradoxe.

Quoiqu'il en soit, Sparethra se vengea de Cyrus; elle battit les Perses, & fit prisonnier, à son tour, Parmises, frère d'Amytis, avec ſes trois fils; on leur offrit cependant leur liberté, à condition qu'on renverrait en échange Amorgès; la condition fut acceptée, & le Roi Scythe fut rendu à ſes ſujets.

Il ſemble qu'un échec auſſi humiliant aurait dû guérir Cyrus de la manie des conquêtes; mais accoutumé, ainſi que tous les Héros belliqueux, à regarder les victoires comme l'ouvrage de ſa valeur, & les défaites comme l'effet aveugle du haſard, il ne raſſembla les débris de ſon armée fugitive, que pour tenter de nouvelles invaſions. Seulement inſtruit par une expérience qui lui avait été fatale, au lieu d'attaquer un peuple neuf, il ſe jetta ſur un peuple dégénéré, que le luxe avait vaincu, avant même que des Conquérans vinſſent le combattre.

Ce peuple était celui de la Lydie, gouverné par Créſus, le plus riche des Monarques de l'Aſie. Cyrus ſe vengea ſur lui de l'affront d'avoir été défait par la femme d'Amorgès; il remporta la victoire célèbre de Thymbrée, qui lui fraya les voies à la Monarchie univerſelle.

Créſus ramena les débris de ſes cohortes dans Sardes, ſa capitale, & le vainqueur vint l'y aſſiéger; la ville était forte, & pouvait laſſer la conſtance des Perſes; un ſtratagême, imaginé par Œbarès, l'en rendit maître.

On éleva pendant la nuit ſur les murs de la ville, avec des perches d'une grande hauteur, des phantômes de ſoldats en bois colorié; à la pointe du jour les Lydiens, qui les virent à une certaine diſtance, ſe perſuadèrent que l'ennemi avait eſcaladé leurs remparts, & dans leur effroi, ils ſe rendirent à Cyrus (*a*).

Créſus, trompé par l'alarme générale, ſe retira dans la citadelle; mais ſe voyant

(*a*) Le texte qui renferme l'anecdote de ce ſtratagême n'eſt pas clair dans Photius; mais nous y avons ſuppléé en conſultant l'Orateur Libanius, qui tranſcrit, dans une de ſes harangues, les propres paroles de Ctéſias.

ſur le point d'être forcé, il capitula avec Cyrus, & lui donna ſon propre fils en ôtage ; il en coûta cher à ce Prince pour avoir cru ſon ennemi généreux ; car comme on différait de rendre la place, l'impitoyable Conquérant fit maſſacrer ſon ôtage aux pieds des remparts.

L'épouſe de Créſus, témoin de cette atrocité, ne put y ſurvivre ; elle ſe précipita du haut des murs de la citadelle, & expira à côté des bourreaux de ſon fils.

Créſus, qui avait paſſé ſa vie dans les tranſes de la ſuperſtition, ſe flatta que l'aſſaſſin des enfans des Rois reſpecterait du moins les Dieux ; il ſe réfugia dans le Temple d'Apollon ; mais Cyrus, qui ne ſe croyait qu'à demi Roi des Lydiens, tant qu'il leur reſterait un Souverain légitime, fit forcer cet aſyle ſacré par ſes Satellites, ordonna qu'on chargeât de fers l'infortuné Monarque, & le deſtina au ſupplice.

Cette ſcène horrible ſe paſſait à l'entrée de la nuit ; le lendemain quand les Perſes entrèrent dans le Temple, ils trouvèrent Créſus libre aux pieds de l'autel qu'il embraſſait ; Cyrus le fit enchaîner de nouveau, & ſes chaînes tombèrent encore ; cette merveille ſe répéta juſqu'à trois fois, elle étonna d'autant plus, que la porte du Temple avait été confiée au vigilant Œbarès, & que le ſceau du Prince avait été apposé ſur la ſerrure.

Il était tout ſimple d'imaginer que les Prêtres d'Apollon avaient eux-mêmes délié Créſus, pour faire entendre à une multitude crédule que le Dieu ne voulait point qu'on violât ſon ſanctuaire ; mais Cyrus, qui n'oſa pas trouver des Prêtres coupables, accuſa les malheureux Lydiens, qui étaient priſonniers dans le Temple avec leur Monarque, de l'avoir déchaîné, & il les fit tous périr ſur l'échaffaut.

Les Perſes, après cette exécution, arrachèrent Créſus du Temple, le conduiſirent dans le Palais, & multiplièrent ſes entraves pour l'empêcher de ſe dérober à leur vengeance. Heureusement pour lui il s'éleva en ce moment un orage épouvantable ; les soldats, peu aguerris contre les préjugés, se réunirent à croire que le Ciel protégeait le Roi de Lydie ; on respecta sa personne, & quelque puissant que Cyrus fût dans son armée, il n'osa envoyer sa victime au supplice.

Dans la suite Crésus, par d'heureuses adulations, gagna la confiance de son vainqueur ; il en obtint même une ville, peu éloignée d'Ecbatane, pour son appanage, & un corps nombreux de soldats Perses pour la garde de sa personne.

La conquête de la Lydie entraîna bientôt la chûte de Babylone ; ici Ctésias se tait, mais tous les monumens les plus authentiques de l'antiquité suppléent à son silence ; quoique le récit de cette expédition célèbre ne nous ait été transmis qu'avec les fables Grecques qui l'accompagnent, on ne peut la révoquer en doute, comme on ne peut nier que Troye n'ait été prise, quoique Vénus, pendant le ſiége, n'aie pas été bleſſée par Diomède.

Nous avons déja raconté en détail la priſe de Babylone (*a*); elle nous a ſervi à fixer la chronologie de ces ſiècles reculés; ſi nos calculs ſont auſſi exacts qu'ils ont été faits avec ſcrupule, elle tombe à l'an 209 de l'Ere de Nabonaſſar, ou à l'an 1692 de celle de Calliſthène.

Cyrus, maître par le droit de ſon épée des trois plus puiſſantes villes de l'Aſie, Sarde, Ecbatane & Babylone, ne ſongea point à jouir en paix de ce qu'il appellait ſa gloire; il médita de nouvelles conquêtes, & il y trouva ſa mort; mort qui arriva trop tard pour le repos du genre humain.

Avant de quitter Babylone, pour errer avec ſon armée ſur le globe qu'il brûlait de dévaſter, il accorda aux Hébreux le

(*a*) *Hiſtoire des Hommes*, partie de l'*Hiſtoire ancienne*, tome 4, pag. 270.

fameux Edit qui leur permettait de rebâtir Jérusalem ; ce fut à l'éloquence de Daniel que le peuple de Moïse dut ce gage de son indépendance ; l'Israélite fit voir au Conquérant, dans les révélations d'Isaïe, que, cent vingt ans avant sa naissance, le Prophête l'avait appellé par son nom, & désigné pour être le libérateur des Hébreux (*a*) ; ce prodige flatta l'orgueil de Cyrus, & le peuple de Dieu, captif depuis soixante & dix ans, sortit en triomphe de Babylone (*b*).

(*a*) Isaïe, cap 44 & 45.

(*b*) Voici l'Edit célèbre qui a tant servi, dans l'Europe moderne, à faire de Cyrus un grand homme.

» Voici ce que dit Cyrus, Roi des Perses.
» Le Seigneur m'a donné tous les Royaumes
» de la terre, & il m'a chargé de lui rebâtir
» son Temple dans Jérusalem, qui est en Judée.

» Qui d'entre vous est son peuple ? Que Dieu
» soit avec lui, & qu'il aille à Jérusalem, qui
» est en Judée, afin d'y rebâtir la maison du

On peut placer auſſi vers cette époque la mort d'Aſtyage, & par conſéquent la fin de l'Empire des Mèdes; ce n'eſt point calomnier la mémoire de Cyrus, que de ſuppoſer que ſon ame féroce eut quelque part à ce crime. Depuis long-tems il n'y avait plus d'intelligence entre le Conquérant Perſe & le Vice-Roi d'Ecbatane; l'ombre d'un Empereur effrayait toujours la politique ſanguinaire de Cyrus. Enfin, le moment vint de ſe défaire de ce phantôme couronné, ſans encourir l'indignation des peuples, & le parricide fut exécuté.

» Dieu d'Iſraël; car ce Dieu de Jéruſalem eſt » Dieu.

» Et que tous ceux qui ſont reſtés de ces captifs » ſoient aſſiſtés dans mes Etats par mes ſujets; » qu'on leur fourniſſe de l'or, de l'argent, des » matériaux & des bêtes de tranſport pour les » aider à la conſtruction du Temple de Jéru- » ſalem «. Voyez *Eſdras*, traduit ſur le texte original, édition de Bruxelles de 1757, chap. 1, verſ. 2, 3 & 4.

L'infortuné Aſtyage, pour ſe dérober aux jalouſes fureurs de ſon gendre, ſe cachait, depuis quelques années, dans les déſerts de la Médie; Amytis ſollicita, avec inſtance, ſon retour dans Ecbatane, & Cyrus parut y conſentir; il recommanda même devant elle à l'Eunuque Petiſaca de le ramener; mais il eſt probable que des ordres ſecrets démentirent les ordres publics, car Aſtyage n'arriva dans ſa capitale que ſans vie.

Voici le fait tel que le raconte Ctéſias. » L'Eunuque Petiſaca, dit-il, était alors » dans la plus grande faveur auprès de » Cyrus. Œbarès (le Miniſtre & le favori » du Prince) lui conſeilla de ne ſe rendre » dans la Médie que pour laiſſer périr » Aſtyage de faim & de ſoif dans les » déſerts qu'il avait choiſis pour ſon aſy- » le, & l'attentat, conſeillé par le Mi- » niſtre, fut exécuté par l'Eunuque «.

Je le demande à tout homme qui connaît un peu l'eſprit humain, & ſur-tout les replis tortueux du cœur des Deſpotes;

tombe-t-il dans la pensée, que Cyrus ayant commandé qu'on ramenât Astyage en triomphe dans Ecbatane, son Favori & son Ministre eussent pris sur eux de le faire assassiner? Si Œbarès & Petisaca ne reçurent pas des ordres positifs, du moins ils pressentirent le plaisir qu'ils feraient à leur Maître, en le défaisant d'Astyage; & ce plaisir, dans une ame altérée de sang, est l'avant-coureur du parricide.

Cependant Amytis apprit bien-tôt la fin tragique de son père, & demanda vengeance à son époux. Cyrus, comme nous l'avons déja dit dans l'Histoire des Mèdes, voulant profiter de l'attentat, sans en paraître le complice, promit à Amytis de servir son juste ressentiment; il livra, entre ses mains, l'Eunuque Petisaca; & la fille d'Astyage, punissant en Cannibale le crime d'un Cannibale, arracha, dit-on, de ses propres mains, les yeux à sa victime, l'écorcha vif, & ensuite le fit expirer sur une croix.

Autant que la critique peut porter a

lumière dans ces abominables tragédies de l'antiquité, il paraît que Cyrus ne parla uniquement qu'à son Ministre, & que celui-ci, en engageant l'Eunuque à faire périr Astyage, lui cacha, avec art, les ordres précis qu'il avait reçus de son Souverain. En effet, Cyrus, qui n'avait rien à redouter de l'indiscrétion de Petisaca, ne songea point à le dérober aux fureurs d'Amytis; il n'en fut pas de même d'Œbarès, & ici tout le Machiavélisme du Despote se décèle aux yeux de la postérité.

L'Eunuque, au milieu des tourmens, avait avoué à Amytis, qu'il ne s'était porté au régicide dont on le punissait, que sur les conseils du Ministre de la Perse. La fille d'Astyage demanda alors la tête d'Œbarès; mais Cyrus qui tremblait que d'anneau en anneau on ne parvînt à découvrir toute la chaîne des complices de ce grand crime, ne voulut point qu'on fît le procès de son Favori. Ctésias dit en propres termes, que *le Prince le rassura*,

& lui promit de ne jamais l'abandonner. Si après une pareille preuve de connivence, Cyrus eſt innocent de l'attentat dont ma plume impartiale accuſe ſa mémoire, il faut juſtifier Egyſthe du meurtre d'Agamemnon, & Néron de l'empoiſonnement de Britannicus.

Au reſte, Œbarès, peu raſſuré par les ſermens d'un Deſpote à qui les parricides ne coûtaient rien, ſuccomba au chagrin qui le dévorait, & ſe laiſſa mourir de faim ; ſa mort précipitée empêcha ſes contemporains de déchirer tous les voiles qui couvraient à leurs yeux l'attentat de Cyrus.

Cependant le moment fixé par la Juſtice ſuprême, pour expier les horreurs de la vie de Cyrus, s'avançait; ce prince, toujours dominé par l'ambition d'être le ſeul Souverain dont on s'occupât ſur le globe, marcha, à la tête d'une armée nombreuſe, contre un peuple voiſin de l'Hyrcanie, pour le ſubjuguer : ce peuple ſe nommait les Derbices; il était à peine civilisé ; c'est lui qui, au rapport de Strabon, égorgeait, par pitié, tous les vieillards du pays, dont l'âge était au-dessus de soixante-dix ans, & qui se nourrissait ensuite de leurs cadavres. Il n'y avait sûrement rien dans le pays qui pût tenter la cupidité des Perses, & leur fermer les yeux sur les périls qu'ils couraient à se battre contre des Antropophages; mais Cyrus, irrité de ce que ces Derbices, qui étaient *nés libres*, avaient l'audace de vouloir l'être encore, n'écouta que son orgueil humilié, & les força à une bataille.

Malheureusement pour les Perses le bruit des exploits militaires de Cyrus avait retenti dans l'Inde ; ses peuples, allarmés, appréhendaient, avec raison, que ce Conquérant ne rompît la balance politique de l'Asie; ils se hâtèrent d'envoyer des troupes auxiliaires & des éléphans au service des Derbices ; ce renfort décida la victoire ; les éléphans, cachés d'abord derrière des rochers, fortirent tout-à-coup de leur embuſcade, fondirent ſur la cavalerie qui leur était oppoſée, & la mirent en déroute. Cyrus ſe préſenta pour rallier ſes troupes fugitives, mais un Indien, qui le reconnut, lui perça la cuiſſe d'un coup de javelot. A la vue de ce ſang, qui coulait à grands flots de ſa bleſſure, ſes gardes approchèrent, le tirèrent de la mêlée, & le portèrent au camp; il reſta, dans cette journée terrible, dix mille Perſes ſur le champ de bataille.

J'ai ſouvent regretté, en liſant Hérodote, que l'anecdote qu'il rapporte ſur la vengeance de la Reine des Maſſagètes, ne fût pas la ſeule conſacrée dans l'Hiſtoire: il me ſemble que cette tête de Cyrus, plongée dans un vaſe plein de ſang, toute inanimée qu'elle eſt, élève une voix terrible contre ces brigands couronnés qui ſe font un jeu de la vie des hommes; malheureuſement ce trait, dénué de vérité, ne peut figurer que ſur le théâtre, ou parmi les contes d'Hérodote.

A peine Cyrus mourant fut-il rentré dans sa tente, qu'Amorgès, Roi des Saces, vint lui amener un renfort de vingt mille chevaux. Les Perses se présentèrent alors de nouveau au combat ; pour cette fois les Derbices furent mis en déroute ; on en passa trente mille au fil de l'épée, & leur pays passa sous la domination de la Perse.

La joie de ce triomphe arrêta encore quelque tems l'ame de Cyrus, sur le point de s'exhaler ; il assembla ses enfans, ses amis & ses Satrapes autour de son lit de mort, & fit en leur présence le partage de ses Etats. Cambyse, son aîné, fut déclaré Roi de Perse, & Tanyoxarce, son frère, eut pour appanage la Choramnie, la Caramanie, la Parthiène & la Bactriane en toute souveraineté. Il n'oublia pas les deux enfans d'Amytis, à qui il avait fait autrefois donner la question, Spitace & Megaberne ; chacun eut, pour sa part, une riche Satrapie ; il leur recommanda à tous de vivre entr'eux dans la plus parfaire concorde, & il expira bien-tôt dans leurs bras le troisième jour de sa blessure, après un règne de trente ans.

La mort de ce Conquérant tombe à l'an 1701 de l'Ere de Callisthène; ainsi il s'en est écoulé 2309 depuis cette époque jusqu'au moment où nous imprimons cette Histoire.

Ainsi périt ce Cyrus, dont la vie a occupé si diversement les bouches de la renommée; espèce de Janus à double visage, dès qu'on ne considère que ses talens militaires, sa politique profonde, le bonheur qu'il eut de se faire l'arbitre de l'Asie, on ne peut nier qu'il ne méritât, sinon sa gloire, du moins sa célébrité; mais si on observe que sa grandeur ne cessa point d'être fatale aux hommes; qu'il ne parut au sein de sa famille que pour la tourmenter; qu'il ne subjugua la terre que pour la ravager; que jamais le moindre sentiment généreux n'entra dans son ame impitoyable; qu'il n'a laissé à ses peuples conquis, aucun monument de ſageſſe qui pût lui faire pardonner leurs déſaſtres; enfin que dans le cours de ſon règne, il fit tout pour ſon orgueil, & rien pour le bonheur du genre humain; alors un cri d'indignation s'élève contre le prétendu Héros; le Philoſophe renverſe de ſon piédeſtal la ſtatue que le préjugé des ſiècles lui avait érigée, & il dévoue ſon nom flétri à l'exécration des gens de bien.

DE CAMBYSE (*a*)

L'HISTOIRE ne s'occupe de la perſonne de Cambyſe, qu'au moment où il monte ſur le Trône, & à peine l'a-t-elle conduit dans la tombe, qu'elle jette ſa plume avec indignation, comme ſi elle était ſouillée d'avoir écrit quelques lignes autour de l'urne funéraire de ce Deſpote, un des fléaux du genre humain.

Il faut bien cependant s'accoutumer à ne voir, en Perſe, que des Deſpotes, depuis l'époque de ſa reſtauration ſous Cyrus, juſqu'à celle de ſon renverſement

(*a*) La baſe de ce chapitre eſt encore le Livre de Ctéſias, *Perſicarum rerum*, dont l'extrait ſe trouve *Photii*, *Myriobliblon ſeu Bibliotheca*, Cod. 72. L'Auteur que nous avons conſulté, après lui, eſt Hérodote, lib. 3 (c'eſt le Livre qui a pour titre *Thalia*).

ſous Alexandre. Au reſte, comme la nation alors était encore neuve, ſi le Trône n'était pas occupé par des hommes, il s'en trouvait autour de lui qui ſavaient imprimer un mouvement à la machine politique, & ſauvaient ainſi la Perſe d'une inertie abſolue; inertie qui fait en même-tems l'opprobre d'un Etat, & le tourment de l'Hiſtoire.

Cambyſe, à ſon avènement au Trône, annonça qu'il ne ferait rien de grand par lui-même; il ordonna qu'on conduisît en Perſe le corps de Cyrus, pour lui rendre les honneurs funèbres, & ce fut un Eunuque qui fut chargé de ce ſoin important. Preſqu'en même-tems il entreprit de ſoumettre l'Egypte, & le chef qu'il nomma pour cette expédition brillante, fut encore un Eunuque.

Le ſujet de la guerre entre les Egyptiens & les Perſes, était bien digne du ſucceſſeur de Cyrus (*a*). Ce Prince avait

(*a*) Cette anecdote ne ſe trouve point dans les

appris (dans ſon Serrail ſans doute,) que l'Egyptienne était, de toutes les femmes du globe, celle qui procurait le plus de plaiſir dans la jouiſſance ; il demanda donc au Pharaon Amaſis, ſa fille en mariage ; celui-ci, à qui le cœur de Cambyſe était connu, ſentit qu'on en impoſait à ſa bonne-foi ; il ſe douta qu'au moment où ſa fille entrerait dans la Perſe, elle y ſerait confondue au rang des concubines du Monarque ; cependant n'oſant refuſer ouvertement un Prince, qui ſe trouvait encore à la tête de cohortes, victorieuſes long-tems ſous Cyrus, la terreur de l'Aſie, il oppoſa, au ſtratagême de Cambyſe, un autre ſtratagême. Il avait dans ſon Palais la célèbre Nitétis, unique reſte du ſang d'Apriès, à qui il avait ôté la couronne & la vie ; il l'envoya en Perſe,

---

Analyſes de Photius, mais dans Athénée. *Deipnoſoph.* lib. 13 ; & ici Ctéſias eſt d'accord avec Hérodote.

ſous le nom de ſa fille ; mais Nitétis, dont la ſeule politique avait rompu les chaînes, ne ſe crut point obligée à conſerver un ſecret qui peſait à ſa vengeance; elle ſe ſervit même de l'aſcendant que lui donnait ſa beauté ſur le voluptueux Cambyſe, pour l'engager à punir les uſurpations d'Amaſis; le Roi de Perſe promit d'être juſte, & le promit dans les bras de ſa maitreſſe.

Photius ne nous a point conſervé les détails de Ctéſias ſur cette expédition de l'Egypte ; il ſe contente de dire que Cambyſe ſe rendit le maître de ce pays par la perfidie de Combaph, qui livra aux Perſes les ports & les magaſins de ſa patrie : perfidie qui lui valut le gouvernement de l'Egypte & l'horreur des deux nations.

L'Abréviateur de Ctéſias ajoute que le combat qui décida du ſort de la Monarchie des Pharaons fut très-ſanglant, & qu'il périt 50 mille Egyptiens ſur le champ de bataille; la victoire coûta ſept mille hommes aux Perſes ; on amena enſuite Amaſis (*a*) dans la tente de Cambyſe, qui, domptant pour la première fois ſon caractère féroce & ſanguinaire, ſe contenta d'envoyer ſon priſonnier à Suze, avec les ſix mille Egyptiens qu'il avait choiſis pour ſa garde.

Hérodote s'eſt beaucoup plus étendu ſur ce grand évènement du règne de Cambyſe; Hérodote connaiſſait l'Egypte, qui lui paraiſſait le premier pays du globe, après la Grèce; ainſi, à ſon enthouſiaſme près, dont il faut ſe défier, on peut le ſuivre pour guide dans les faits où il n'eſt pas contraire à Ctéſias.

Cambyſe, éclairé ſur les forces de l'Egypte, ſur le nombre de ſes places, ſur les troupes qu'elle pouvait armer pour ſa défenſe, par un transfuge Grec nommé Phanes d'Halicarnaſſe, vint ſe préſenter devant Péluſe,

(*a*) Ctéſias le nomme toujours Amyrthée.

la clef de l'Egypte du côté de l'Aſie. Cette ville, par la nature de ſes fortifications, pouvait faire une longue réſiſtance, & laſſer juſqu'à la conſtance des Perſes; mais la ſuperſtition Egyptienne leur en ouvrit les portes. On avait inſtruit Cambyſe que les ſujets imbécilles des Pharaons adoraient le chien, le chat & l'Ibis; ce Prince fit alors raſſembler une grande quantité de ces animaux, les plaça à la première ligne de ſon armée, &, muni de cette eſpèce de palladium, monta à l'aſſaut; ce que la politique des Perſes avait prévu arriva; les ſoldats Egyptiens aimèrent mieux trahir la patrie que d'être ſacriléges; ils ne tirèrent point ſur les Perſes, dans la crainte de bleſſer les animaux-dieux qui marchaient à leur tête, & Cambyſe dut la priſe de Péluſe à ce ſtratagême (*a*).

(*a*) Je ne garantis point un fait auſſi extraordinaire; mais je le trouve dans un Livre de *Ruſes de guerre*, dédié au grand Empereur Antonin. Voyez *Polyen*. lib. 7, cap. 9.

Cambyse, maître de Péluse, poursuivit le cours de ses conquêtes. S'il en faut croire Hérodote, ce n'était plus Amasis qui était, à cette époque, Roi d'Egypte; ce Prince, dit-il, venait de mourir, après un règne de quarante ans, *passés dans une félicité perpétuelle* (a). Ce n'est point ici le lieu d'examiner cette *félicité perpétuelle* du farouche usurpateur du Trône d'Apriès; j'observerai seulement que le père de l'Histoire est presque toujours absurde, dans les points où on ne peut le concilier avec Ctésias.

Enfin, la bataille décisive se donna entre Cambyse & Psammenit (c'est le nom du Pharaon qui régnait alors, suivant la chronologie suspecte d'Hérodote). Elle fut précédée par un trait de barbarie qui peint bien les mœurs militaires de ces tems-là; les Grecs, auxiliaires de l'Egypte, indignés de ce que Phanes avait introduit une armée ennemie dans

(a) Lib. 3.

un pays qu'il avait fait ferment de défendre, s'emparèrent des enfans de ce transfuge, les conduifirent fur une éminence entre les deux camps, & là, fous les yeux de leur père, les égorgèrent, & burent leur fang dans une coupe confacrée ; Hérodote raconte tout cela de fang froid ; aucun cri ne s'élance de fon ame indignée contre ce feftin de Cannibales ; il eft probable que la coupe d'Atrée l'avait aguerri aux horreurs de ce genre.

Il femble qu'après de telles atrocités, le peuple qui s'y réfout doit vaincre ou périr fur le champ de bataille. Les Grecs furent vaincus avec les Egyptiens, dont ils étaient auxiliaires, & ils craignirent de mourir. Ces hommes, à-la-fois lâches & féroces, fe fauvèrent dans leur patrie, & ne pouvant fe venger des Perfes que par leur plume infidèle, ils commencèrent dès-lors à les noircir aux yeux des générations, en corrompant les monumens de l'Hiftoire.

Hérodote rapporte, au sujet de cette bataille, un fait de physique assez extraordinaire, dont un hasard heureux le rendit témoin. On avait rassemblé, dans une espèce d'enceinte, les ossemens des vainqueurs & des vaincus, mais séparés les uns des autres. Lorsqu'Hérodote exécuta son voyage d'Egypte, on lui montra ce monument funèbre; les cranes des Egyptiens étaient si durs qu'on ne pouvait les briser qu'à grands coups de pierres; pour ceux des Perses, ils avaient la ductilité de l'argile, & cédaient à l'impression du doigt qui cherchait à y pénétrer; cette différence venait uniquement de l'éducation nationale qu'on donnait aux enfans; l'Egyptien, dès le plus bas âge, avec sa tête nue & rasée, affrontait le soleil brûlant de l'Afrique, tandis que le Perse, toujours enveloppé de l'espèce de turban, qu'il appellait sa thiare, avait une tête sensible à toutes les impressions de l'air; les faits de ce genre méritent d'être recueillis, afin que les fautes des hommes qui ne sont plus, ne soient pas perdues pour ceux qui les remplacent.

Cambyse, pour ne point laisser refroidir le courage des Perses, se prépara au siége de Memphis; mais pour ne point faire répandre inutilement le sang des peuples, il envoya d'abord un Héraut d'armes sur un vaisseau de Mytilène, pour exhorter ce peuple, à demi vaincu, à se rendre; la garnison de Memphis, qui n'avait que la bravoure des lâches, voyant arriver ce navire, sans défense, le coula à fond, & égorgea les Perses qui le montaient; cette barbarie ne fit qu'accélérer la prise de Memphis; Cambyse y entra l'épée à la main, & fit prisonnier Psamménit & toute la famille Royale.

Jusqu'ici Cambyse n'a rien fait par lui-même, si ce n'est de choisir des Eunuques pour ses Généraux d'armée & pour ses Représentans; de ce moment, il sort de son inertie, & son caractère tout entier va se déployer.

Psammenit avait une fille célèbre par sa beauté & par ses graces ; des Rois l'avaient recherchée en mariage ; Cambyse ordonna, que dégradée de son rang, & vêtue en esclave, elle portât de l'eau dans son Palais. Le Tyran, par un rafinement de cruauté, eut soin de la faire passer plusieurs fois sous les yeux de son père, lorsqu'elle exécutait ce vil ministère. Tous les prisonniers, à la vue de ce spectacle, fondirent en larmes ; pour Psammenit, il se contenta de baisser la tête.

L'impitoyable fils de Cyrus n'était pas satisfait ; il commanda qu'on fît défiler devant la prison le fils de Psammenit, l'héritier présomptif de sa Couronne, avec deux mille Egyptiens, tous la corde au col & un bâillon à la bouche ; on eut bien soin de déclarer qu'on conduisait toutes ces victimes à l'échaffaut, & Psammenit se contenta encore de baisser la tête.

Quelques momens après, l'infortuné Roi, au travers des grilles de son cachot, vit passer un vieillard de ses amis, qui, après avoir été l'homme le plus opulent de son pays, dépouillé de tout par les Perses, était réduit à demander l'aumône à ses vainqueurs; ce dernier spectacle parut ôter à Psammenit sa philosophie, on le vit répandre des larmes, se meurtrir la tête, & s'arracher les cheveux; les Satellites de la prison, chargés d'interpréter au Tyran jusqu'au silence de sa victime, lui rapportèrent fidèlement tout ce qu'ils avaient vu; Cambyse, surpris du stoïcisme de Psammenit, à la vue de l'opprobre de sa fille, & des apprêts du supplice de son fils, tandis que le malheur d'un simple vieillard, réduit à l'indigence, allumait son désespoir, lui fit demander le motif d'une si étrange inconséquence. » Dites au fils de Cyrus, répondit Psam- » menit, que les grandes douleurs ne » pleurent point; j'ai pu verser des lar- » mes sur le malheur d'un vieillard, qui » ne m'intéresse que parce que je suis » homme; mais mes yeux se sont séchés

» & mon cœur s'eſt flétri quand j'ai » vu comme père les déſaſtres de ma » famille «.

Cette réponſe touchante fit ſon effet ſur les Perſes ; ils s'attendrirent ſur la deſtinée du Roi captif, & Cambyſe obligé, ſans doute par politique, de paraître généreux, ordonna qu'on allât tirer de l'échaffaut le fils de Pſammenit ; il n'était plus tems : le coup fatal avait été porté ; au moment où l'Officier qui portait la grace arriva, Pſammenit n'avait plus de fils.

Cambyſe, pour conſoler le père tendre dont il avait fait les malheurs, adoucit ſa captivité, & lui donna même une ſorte d'accès auprès de ſa perſonne ; le Roi d'Egypte, à qui ces frivoles ménagemens ne tenaient pas lieu d'un Trône qu'il avait perdu, & d'un fils qu'on lui avait égorgé, tenta d'armer de nouveau ſes anciens ſujets pour ſa querelle ; le complot fut découvert, avant qu'il parvînt à sa juste maturité; & Cambyse, de sang froid, fit empoisonner sa victime.

Le bon Hérodote dit qu'on fit boire à Psammenit du sang de taureau, & que ce Prince en mourut à l'instant; mais le sang du taureau n'est pas plus un poison que celui du cerf & de l'agneau; tous ces préjugés de la vieille Physique doivent être relégués dans les livres qui les renferment, & ce ne serait pas au siècle de la raison qu'il faudrait les voir renaître dans ces énormes compilations, qu'on honore du titre d'Histoires Universelles, que l'homme de goût n'achète ni ne lit, & que l'homme du monde n'achète que pour se dispenser de les lire.

Cambyse, maître de l'Egypte entière, la parcourut en tyran. Arrivé à Saïs, il fit tirer de sa tombe sacrée le corps embaumé d'Amasis, ordonna qu'on le frappât de verges, qu'on le perçât avec des aiguilles brûlantes, & qu'au défaut des tourmens, on épuisât sur lui tous les opprobres & toutes les ignominies. Quand il vit que l'exécution lassait jusqu'aux Satellites de ses vengeances, il fit jetter ce corps hideux & mutilé dans les flammes.

Cependant l'Egypte se dépeuplait; la famine, la contagion, suite ordinaire des guerres, menaçait également les vainqueurs & les vaincus; le fils de Cyrus, pour conserver son armée, projetta de lui faire conquérir l'Ethyopie; le Monarque Africain le sçut, & envoya à Cambyse un arc que lui seul était en état de bander; emblême injurieux qui irrita d'autant plus le Prince, que son orgueil était moins à portée de l'entendre.

Au reste, ces Ethyopiens ne nous sont guères connus que par les Fables d'Hérodote; l'Ecrivain Grec s'étend beaucoup sur un petit champ, nommé la Table du Soleil, qui, dans l'opinion du peuple, produit toutes les nuits du gibier tout rôti, destiné à servir le lendemain d'aliment à la multitude. Il décrit, avec plaisir, une eſpèce de Fontaine de Jouvence, qui doublait la vie de l'heureux Africain qui venait s'y baigner; il prodigue au plus mince Ethyopien des tombeaux de cryſtal de roche (*a*); cette Ethyopie enfin eſt ſi différente de celle des Géographes, qu'on eſt tenté de douter qu'elle ait jamais été en guerre avec les Perſes.

Quoiqu'il en ſoit de ce problême hiſtorique, on nous aſſure que Cambyſe, l'imagination échauffée par les merveilles qu'on lui racontait de l'Ethyopie, partit pour ſa conquête; rien ne lui réuſſit dans cette expédition extravagante; il avait

(*a*) Le texte même mérite d'être cité. » Lorſ-
» que les Ethyopiens ont fait ſécher, à la façon
» de l'Egypte, le corps qu'ils veulent conſerver,
» ils l'enduiſent de plâtre, & deſſinent ſur cet
» enduit l'image du mort, ce qui lui donne la
» forme d'une peinture à Freſque; enſuite ils
» enferment cette repréſentation dans une co-
» lonne creuſée, faite d'un verre qu'ils tirent
» du ſein de leur rochers. Herod. lib. 3 «.

détaché cinquante mille hommes dans les plaines d'Ammon, pour piller un Temple célèbre de Jupiter ; mais un vent impétueux du Midi éleva les sables brûlans de cette contrée, les soldats Perses furent enveloppés par le tourbillon, & toute l'armée disparut.

Cambyse, le plus orgueilleux des Despotes, n'était pas homme à reculer, quand il ne voyait que des élémens à combattre ; il continua sa route au travers des plaines embrasées de l'Afrique ; mais il n'avait pas fait encore la cinquième partie du chemin qu'il méditait pour se rendre en Ethyopie, que tout-à-coup les vivres manquèrent dans son armée ; les Perses commencèrent par manger les bêtes de somme qui portaient leurs bagages, & ils finirent par se manger eux-mêmes. Des murmures universels, germe d'une révolte qui fermentait de toute part, annoncèrent enfin au fils de Cyrus qu'il fallait plier ; il retourna en Egypte, la rage dans le sein, & se prépara à se venger ſur les Dieux du mal qu'il n'avait pu faire aux hommes (a).

(a) Cette expédition d'Ethyopie a été racontée par le Philoſophe Sénèque, & on ne ſera pas fâché de voir ici quelles couleurs il emploie pour peindre le fils de Cyrus; je me ſervirai de l'eſtimable traduction de la Grange.

» Cambyſe était furieux de ce que les Ethyo-
» piens n'avaient pas tendu les mains à la ſervi-
» tude, & de ce que leurs Députés lui avaient
» répondu avec une liberté que les Rois regar-
» dent comme un outrage. Auſſi-tôt, ſans s'être
» pourvu de convois, ſans avoir fait reconnaître
» les chemins, il traîne à ſa ſuite tout l'ap-
» pareil de la guerre, à travers des ſolitudes
» arides & impraticables. Dès le premier jour
» on manqua du néceſſaire; le pays ſtérile,
» inculte, inhabité, ne put y ſuppléer. Les
» premiers remèdes contre la faim furent les
» feuilles les plus tendres des arbres, les ſom-
» mités des branches, enſuite des cuirs macérés
» au feu, en un mot tout ce que le beſoin peut
» convertir en alimens. Mais bien-tôt des ſables
» plus ſtériles n'offrirent pas même de racines
» & d'herbages, ni la moindre trace d'aucun être

A peine ce Prince fut-il entré dans Thèbes, qu'il ordonna qu'on mît le feu à tous les temples de l'Egypte; on évalue à plus de trois cens talens d'or, & de deux mille trois cens talens d'argent les richesses sacrées que l'avidité des Perses

---

» vivant; il fallut décimer les troupes, & l'on » en fut réduit à des mets plus horribles que » la faim. Cependant la colère ne cessait de » pousser le Monarque en avant; jusqu'à ce que » voyant une partie de son armée perdue, & » l'autre mangée, il craignit que son tour ne » vînt à lui-même; ce ne fut qu'alors qu'il sonna » la retraite. Cependant on réservait pour sa » bouche les oiseaux les plus délicats; des cha» meaux étaient chargés de tout l'appareil de » sa cuisine, tandis que le sort condamnait ses » soldats à une mort affreuse, ou à une subsis» tance encore plus horrible «. Le texte de cette dernière phrase est bien plus énergique. *Servabantur illi interim generosæ aves, & instrumenta epularum camelis vehebantur, cum sortirentur milites ejus, quis malè periret, quis pejus viveret.* Sénèque, *de Irâ*, lib. 3, cap. 20.

déroba alors aux flammes (*a*). Cambyse, de son côté, s'occupa à violer les asyles vénérables des tombeaux ; il enleva en particulier, dit-on, le fameux cercle d'or du monument d'Oximandias, qui avait une coudée d'épaisseur, & 365 de circonférence ; on y avait représenté le lever & le coucher des astres, & ce cercle magnifique servait de base aux travaux des Astronomes (*b*).

Cependant il faut être *juste*, même quand il s'agit de la mémoire des Tyrans ; l'enlèvement d'un cercle d'or d'une étendue aussi prodigieuse que l'antiquité le suppose, était un crime impossible. J'ai voulu calculer, en mettant l'or à un bas titre, quel serait le prix de cette fameuse couronne du tombeau d'Oximandias, & le résultat de mon travail a été qu'elle

---

(*a*) Cette anecdote est tirée de Diodore de Sicile, lib. 1, sect. 2, cap. 4.

(*b*) *Diod. Sicul.* lib. 1, sect. 2, cap. 5.

vaudrait aujourd'hui 3,257,260,000 liv. Je ne crains point d'avancer qu'il ne pouvait y avoir alors, dans le monde connu, aſſez de numéraire pour payer cette couronne d'Oximandias; c'eſt un des contes les plus extravagans que les anciens nous aient tranſmis, & il eſt bien étonnant qu'on ne le voie annoncé comme un conte dans aucune Hiſtoire Univerſelle.

Cambyſe ne s'en tint pas à tous ces actes de démence ſacrilége; ſon inquiétude naturelle l'ayant fait aller à Memphis, dans le tems où on faiſait l'inauguration du dieu-bœuf, ſi connu ſous le nom d'Apis, il s'imagina que les fêtes qu'on célébrait dans cette ville, venaient de la joie qu'inſpirait la nouvelle de ſes déſaſtres; il fit arrêter les Magiſtrats de Memphis, & les envoya tous au ſupplice.

Ce dieu-bœuf, que la ſuperſtition ſacerdotale faiſait mourir & renaître à ſon gré, ne devait pas être aiſé à trouver;

s'il en faut croire le crédule Hérodote ; pour avoir droit à l'encens de l'Egypte, il devait être noir par tout le corps, excepté sur le front, avoir les poils de la queue doubles, porter sur le dos la figure d'une aigle, & sur la langue celle d'un escarbot. Pour comble de bisarrerie, il fallait qu'il fût engendré au bruit du tonnerre ; les Tartares ne demandent pas tant d'attributs à leur grand Lama, pour en faire le demi-dieu de l'Asie.

Dès que Cambyse fut instruit de la vraie cause des réjouissances de l'Egypte, il ne pleura point sur le sang des Magistrats de Memphis, que son iniquité avait fait répandre ; qu'est-ce, en effet, que le sang de quelques esclaves aux yeux de l'empoisonneur des Rois ? Mais il fit venir les Prêtres d'Apis, leur dit qu'il voulait faire connaissance avec leur dieu-bœuf, & leur commanda de l'amener aux pieds de son Trône. Les Prêtres, qui n'entendirent pas l'ironie cruelle de Cambyse, amenèrent en pompe Apis au Palais ; mais à peine le Prince l'eut-il apperçu, qu'il s'élança ſur lui le poignard à la main, & lui fit, dans la cuiſſe, une bleſſure profonde, dont il alla expirer au pied de ſon autel.

Non content de ce trait de violence qui lui aliénait tous les eſprits qu'il avait tant d'intérêt à regagner, il fit fuſtiger cruellement les Prêtres d'Apis, & ordonna qu'on maſſacrât, ſans autre forme de procès, tous les Egyptiens qu'on trouverait célébrant la fête du dieu qu'il venait d'égorger.

Cambyſe ne démentit jamais ſon caractère atroce ; on le voit au ſein de ſa famille, tel qu'il a paru en Egypte & en Ethyopie. Son frère, Tanyoxarce, qui connaiſſait à fond cette ame farouche, ne ſortait jamais de ſon audience ſans s'étonner qu'il vécût encore ; il l'accablait de prévenances, il prévenait tous ſes déſirs ; il aurait voulu repaîtrir ce cœur de fiel qui s'irritait également de l'adulation & du courage ; mais ſon arrêt fatal était depuis long-tems prononcé, & Cambyse n'attendait que le plus léger prétexte pour le faire exécuter.

Ce prétexte vint enfin; il est vrai que la trame qu'on ourdit dans la Cour de Cambyse pour faire périr Tanyoxarce, est d'une singularité qu'on ne retrouve que sur nos Théâtres; mais il ne faut point perdre de vue que les mœurs de l'antique Asie ne ressemblent en rien à celles de notre Europe, sur-tout quand il s'agit des scènes extravagantes du despotisme Oriental (*a*).

Un Mage, nommé Sphendadate, avait été puni de quelque délit par Tanyoxarce; un Mage ne pardonne jamais: celui-ci alla trouver Cambyse, dont il savait que l'ame s'ouvrait aisément aux impressions de la calomnie, & lui annonça que Tanyoxarce tramait une conspiration

(*a*) Je reviens à Ctésias, & c'est de lui que j'emprunte l'histoire de la mort de Tanyoxarce.

contre sa Couronne ; Cambyse crut ce qu'il désirait ; il fit venir son frère au Palais, l'embrassa, le combla d'amitiés, & en même-tems il ourdit, avec le Mage, la trame fatale dont Tanyoxarce devait être la victime.

Le bruit qu'avait fait à la Cour de Perse l'accusation de Sphendadate, ne fut pas inutile au Despote ombrageux, qui voulait, sans péril, se défaire de Tanyoxarce.

Par un de ces jeux bisarres de la nature qu'on rencontre de tems en tems dans les annales de la Physique, il se trouvait que le Mage ressemblait si parfaitement, pour la taille, le son de voix & la figure, au frère de Cambyse, que leurs esclaves mêmes pouvaient s'y méprendre ; Sphendadate conseilla au Roi de lui faire publiquement son procès, à lui Mage, comme calomniateur de Tanyoxarce, & de le condamner à perdre la tête ; Cambyse, qui pressentit où tendait ce conseil, applaudit au stratagême ; il commença par faire empoiſonner ſon frère (*a*), enſuite il l'envoya à l'échaffaut ſous le nom de Sphendadate ; c'eſt-là que le peuple trompé vit tomber la tête du fils de Cyrus.

Le Mage, le même jour, fut revêtu des habits de Tanyoxarce, prit le nom du frère de Cambyſe, & obtint, pour ſes ſervices, la Satrapie de la Bactriane.

Cet abominable ſecret ſe conſerva cinq ans, ſans que la Perſe eût des ſoupçons. Au bout de cet intervalle, Sphendadate ayant frappé un Eunuque, celui-ci, pour ſe venger, découvrit tout à Amytis ; la Princeſſe furieuſe alla trouver Cambyſe, & lui demanda la mort du Mage ; Cambyſe avait été trop bien ſervi par le complice de ſes fureurs, pour l'en punir ; il refuſa, avec dureté

(*a*) Je regrette fort de retrouver encore ici le ſang du taureau ; cette erreur eſt moins digne de Ctéſias que d'Hérodote.

même, d'entendre ſa mère ; Amytis vit alors l'avenir affreux qui lui était deſtiné ; toute entière à ſon juſte reſſentiment, elle chargea de malédictions Cambyſe, & la nuit, retirée au fond de ſon palais, elle avala un breuvage empoiſonné qui lui ôta la vie.

Le Tyran, délivré d'un frère & d'une mère, dont la préſence fatiguait ſon ame, de jour en jour plus inacceſſible aux remords, n'avait plus qu'une épouſe ſur laquelle il pût déployer ſa rage ; ſon tour arriva, & il fallut l'ajouter à toutes ces victimes Royales que Cambyſe avait envoyées avant lui dans la tombe de Cyrus.

Cette Princeſſe (*a*) était fille de Cyrus ; comme elle ſe trouvait la beauté la plus accomplie de l'Orient, Cambyſe, ſon frère, en devint éperdument amoureux ; mais le Trône de la Perſe n'était pas

(*a*) Les traits ſuivans ſont tirés d'Hérodote, lib. 3.

encore aſſez affermi pour qu'un Souverain pût, ſans danger, donner l'exemple à ſes peuples de l'inceſte; il conſulta donc les Magiſtrats de l'Empire, pour ſavoir s'il pouvait épouſer Méroë : ces hommes lâches & vils répondirent » qu'il n'y avait point de loi qui permît » à un frère d'épouſer ſa ſœur, mais qu'il » en exiſtait une ſolemnelle qui auto- » riſait un Roi de Perſe à faire tout ce » qu'il voudrait «. — Hérodote appelle cette déciſion *une réponſe adroite*; ſi on l'avait faite au vertueux Pen, Monarque ſans titre de Philadelphie, ou au grand Marc-Aurèle, ils l'auraient regardée comme la plus infernale que prononçât jamais le corrupteur des Rois, & l'ennemi né des hommes.

Cambyſe, encouragé par cette déciſion, conduiſit Méroë à l'autel; cette tendre victime du deſpotiſme des Rois voulut alors profiter de l'aſcendant que lui donnaient ſur l'eſprit de ſon époux ſa jeuneſſe, ſa douceur & ſes graces, pour adoucir son caractère farouche; mais le cœur d'un Despote est inaccessible à tout ce qui fait le charme de la vie humaine. Méroë, voyant le peu de succès de ses soins, se lia d'une amitié tendre pour son frère, Tanyoxarce; cette amitié fut malheureuse encore; Tanyoxarce, empoisonné, périt à la fleur de son âge, & on ne cacha pas à Méroë que c'était par le crime de son époux; cette idée cruelle empoisonna le reste de sa vie, l'image sanglante de ce frère chéri la suivait sans cesse. Un jour Cambyse faisait combattre devant lui un lionceau & un chien; la partie n'était pas égale, & le lionceau allait déchirer sa victime; un autre chien, frère du combattant, à la vue de ce spectacle, rompit sa lesse, recommença la lutte, & le lionceau fut terrassé; cette scène arracha des larmes à Méroë; Cambyse lui en demanda le motif. » *Pardonnez*, lui dit-elle, *ô mon époux! ce combat a rappellé Tanyoxarce à ma mémoire; le jeune chien a secouru son frère, mais le mien n'a jamais été ni secouru, ni vengé.* L'atroce Cambyse se leva à ce mot, & maltraita Méroë avec tant de violence & d'indignité, quoiqu'elle fût enceinte, qu'elle accoucha avant terme, & en mourut.

On se doute bien que le fils de Cyrus n'était pas plus avare du sang de ses sujets, que de celui de sa famille. Le vieil Crésus, qui, dépouillé de ses Etats, vivait obscurément à la Cour de Cambyse, fut sur le point d'en faire une fatale expérience; effrayé des murmures qui retentissaient dans toute la Perse, il crut que son âge, son expérience & l'amitié dont Cyrus l'avait honoré, lui permettaient de donner des conseils au Despote; celui-ci répondit au vieil Roi de Lydie, en ordonnant qu'on le mît à mort; heureusement pour lui, les Officiers chargés de faire exécuter la sentence, s'imaginèrent que Cambyse ne tarderait pas à se repentir d'avoir donné des ordres si funestes; ils cachèrent Crésus, & ne firent point tomber ſa tête; en effet, le lendemain Cambyſe demanda où était le Roi de Lydie; on lui dit qu'il vivait encore; il en parut ſatisfait; mais par une biſarrerie digne de cette ame ſanguinaire, il fit arrêter les Officiers qui avaient ſuſpendu l'effet de ſes ordres, & les envoya tous au ſupplice.

Cambyſe, tel que l'Arimane de la Perſe, faiſait le mal pour le mal; douze de ſes Satrapes étant venus prendre ſes ordres avant de partir pour leur gouvernement, il les fit inveſtir par ſes Satellites, & les condamna à être enterrés tout vifs, ce qui fut exécuté.

Je termine ces horreurs dégoûtantes du règne de Cambyſe par l'hiſtoire de Prexaſpe, parce que c'eſt un des monumens les plus curieux de la férocité extravagante du deſpotiſme oriental. Le Roi, qui ſe doutait bien que la Perſe ne l'aimait pas, demandait, au milieu d'un feſtin, à ce Satrape, ſon favori, ce qu'on penſait de lui dans ſes Etats; Prexaſpe répondit qu'on le regardait, par ſon courage & par ſes vertus, comme le digne héritier du Trône de Cyrus: mais que pour que ſa gloire fût intacte, il ſerait à déſirer qu'il ſe livrât un peu moins aux excès du vin. Eh bien, ajouta Cambyſe, il faut voir ſi mes peuples ont raiſon; Prexaſpe, vous en allez juger. Prexaſpe avait un fils, encore dans l'adoleſcence, qui charmait toute la Cour par les graces de ſon âge & par ſon ingénuité; le Tyran le fit placer à l'extrémité de la ſalle du feſtin, banda ſon arc, dit qu'il viſait à ſon cœur, & tira ſa flèche; à peine l'enfant fut-il tombé, qu'on l'ouvrit, & la pointe du trait parut, en effet, avoir traverſé les lobes du cœur. *Qu'en penſe Prexaſpe?* dit Cambyſe avec une joie inſultante, *ai-je encore la main ſûre, & le vin a-t-il affaibli ma vigueur?* Le lâche Prexaſpe, après avoir vu aſſaſſiner ainſi ſon fils unique, craignit encore de mourir. *Non*, dit-il, *Apollon lui-même n'aurait pas tiré avec plus d'adreſſe; &*

dévorant sa douleur, il prolongea jusqu'à la nuit, avec les autres convives, cet abominable festin.

Enfin, le moment s'approche (*a*), où les horreurs du règne de Cambyse vont s'expier; le Tyran, haï de tout le monde, commence à se haïr lui-même; tout l'allarme, tout l'inquiète; une épée nue qu'il apperçoit, lui semble dirigée contre son sein. La nuit, l'ombre menaçante de sa mère, les spectres sanglans des Grands de la Perse qu'il a assassinés, les Dieux mêmes frivoles qu'il a insultés dans leurs temples, & auxquels il ne croit pas, tout se réunit à l'accabler; il maudit la vie, & il vit pour souffrir. Au milieu de ces pénibles anxiétés, il parcourt ses Etats, croyant distraire son inquiétude mortelle; mais le serpent du remord est dans son cœur, & le dévore lente-

(*a*) Ici je réprens Ctésias, pour ne plus le quitter.

ment ; il arrive à Babylone, & un jour que ſeul au fond du Palais de Sémiramis, il voulait polir un morceau de cèdre avec ſon cimeterre, il tira ſi mal-adroitement le fer de ſon fourreau, qu'il ſe perça la cuiſſe, préciſément (diſent les Egyptiens) à l'endroit où il avait frappé Apis ; le Tyran, comme le Dieu, mourut quelques jours après de ſa bleſſure.

Ce Néron de la Perſe avait régné 18 ans (*a*) ; ainſi ſa mort tombe l'an 1719

(*a*) Hérodote, & toute cette foule d'Ecrivains modernes qui ſuivent ſa Chronologie, ſans ſe permettre de la juger, ne donnent que 7 ans & cinq mois au règne de Cambyſe ; comme ſi la conquête entière de l'Egypte, l'expédition de l'Ethyopie, les voyages divers de ce Prince dans ſon Empire, pouvaient s'exécuter dans un ſi court intervalle ! Cette erreur eſt d'autant plus révoltante, qu'Hérodote lui-même déclare que Cambyſe ne commença la conquête de l'Egypte (le premier évènement mémorable de ſon règne) que la quatrième année après qu'il fut monté ſur le Trône. — Continuons à être

de l'Ere de Callisthène, & il s'en est écoulé 2291, jusqu'au moment où on imprime cette Histoire.

---

justes malgré les Enthousiastes des anciens, il vaut encore mieux se rencontrer avec la vérité qu'avec Hérodote.

CONSIDÉRATIONS

SUR LE GOUVERNEMENT DE LA PERSE, A L'ÉPOQUE DE LA MORT DE CAMBYSE.

Nous touchons à deux révolutions mémorables de l'Empire des Perses ; à la Théocratie introduite par les Mages, & à la Monarchie modérée qu'y substitua le conseil des sept Satrapes ; ce sont les deux momens les plus brillans de l'Histoire des successeurs de Cyrus ; & comme le hasard n'a point dirigé le fil de ces grands évènemens, c'est à la Philosophie à en pénétrer les causes.

Il faut avouer que lorsque Cambyse mourut, la Perse n'avait point de gouvernement fondé sur des loix ; Cyrus, qui avait passé sa vie dans les camps, n'eut pas le tems d'être le Législateur de ſon pays, & ce fut un grand bonheur pour les Perſes ; car avec ſon caractère féroce & ſes idées de deſpotiſme, il leur aurait donné des loix de ſang, comme Dracon en donna dans la ſuite à Athènes.

Je ſais que Xénophon s'eſt plû à nous tracer un gouvernement parfait, dont il fait honneur au génie de Cyrus ; mais tout Lecteur d'un ſens droit eſt à portée d'apprécier cette rêverie philoſophique, née de l'imagination exaltée d'un diſciple de Socrate ; aſſurément ſi les Perſes avaient été libres ſous Cyrus, ils ne ſeraient pas devenus, ſous Cambyſe, les victimes du plus affreux deſpotiſme. La conſtitution politique des Etats ne s'altère que par dégrés ; on ne voit point une République, compoſée d'hommes neufs, tomber, ſans conquête, ſous le joug du pouvoir abſolu, & la Rome des Camille & des Fabius ſe laiſſer gouverner par les Tibère & les Néron.

Il eſt évident qu'à l'époque dont je parle, la Perſe n'avait point de conſtitution politique fondée ſur des principes avoués par la nation ; la volonté du Souverain faiſait ſeule la loi ſuprême ; & comme c'étaient des Eunuques qui manifeſtaient cette volonté aux peuples, on pouvait dire que l'Etat était tout entier dans le Palais du Deſpote.

Il n'y a point ici d'enthouſiaſme philoſophique ; ce ſont les faits ſeuls qui nous amènent à ce réſultat. Non, jamais les Néron, les Aurengzeb & les Muley Iſmaël n'ont pouſſé auſſi loin que Cambyſe l'extravagance du pouvoir arbitraire ; qu'on ſe rappelle que le fils de Cyrus, pour punir quelques Nègres qui ſavaient mieux bander un arc que lui, força ſes ſoldats errans dans les ſables embraſés de l'Ethyopie, à ſe manger les uns les autres, ſans que dans cette foule d'hommes mourans ou deſtinés à mourir, il s'en trouvât un ſeul qui osât ſe rendre libre ; qu'on ſonge, que pour montrer ſon adreſſe, il perça le cœur du fils de Prexaſpe ſous les yeux de ſon père, ſans que ce père eût le demi-courage de mourir de sa douleur; qu'on observe qu'il fit enterrer vifs devant lui, sans le plus léger motif, douze Satrapes, & que dans la foule de parens & d'amis qui restaient à ces illustres victimes, il ne se rencontra pas un seul Brutus qui tentât de justifier sa nation aux yeux des étrangers, en se créant une patrie.

Quand un Etat est parvenu à ce dernier période de dépravation, il n'y a de remède que dans une crise qui le régénère, ou dans la conquête.

Cyrus ayant rompu l'équilibre de l'Orient, renversé Babylone, subjugué Sardes & Ecbatane, il ne se trouvait dans l'Asie aucune Puissance qui pût aspirer à la conquête de son Empire; ainsi c'était uniquement d'elle-même que devait venir la régénération de la Perse.

Un Etat se régénère de deux manières; ou quand des citoyens frappant du même coup le tyran & la tyrannie, substituent au délire politique du pouvoir arbitraire un gouvernement quelconque fondé sur des loix ; ou lorſque les Miniſtres de la Religion, profitant avec art de leur aſcendant ſur l'eſprit de la multitude, s'emparent d'un pouvoir dont on a tant abuſé, identifient le Trône avec l'autel, & remplacent des Deſpotes odieux par d'autres Deſpotes ſacrés, qu'on nomme Théocrates.

L'Empire de Cyrus, dans l'intervalle d'un an, ſubit ces deux eſpèces de révolutions; celle des Mages fut la première; mais pour la décrire avec quelque intérêt, il eſt néceſſaire auparavant de nous arrêter ſur la Religion de la Perſe.

DE LA RELIGION DE LA PERSE, ET DU POUVOIR DE SES MAGES.

N'OUBLIONS point la trace des principes que nous avons posés à la tête de cet Ouvrage. La Religion primitive de l'Orient commença par où finit la raison perfectionnée; l'existence de l'Ordonnateur des mondes en était la base; on lui donnait le nom d'*Our*, qui désigne le feu principe par lequel toute la nature est vivifiée, & les peuples neufs encore l'honoraient par des vertus, plus que par des cérémonies.

Un des grands propagateurs de l'Ouranisme, fut le premier Zoroastre, l'oracle de l'ancienne Perse; ce sage fameux, qu'il faut bien distinguer de l'enchanteur de ce nom, que nous verrons bien-tôt étonner de ses prodiges la Cour de Darius, fils d'Hyſtaſpe, fut, à ce qu'on prétend, contemporain de Ninus (*a*); on ignore ſa naiſſance; car quand Platon (*b*) le fait fait fils d'Oromaze, le Génie du bien dans le ſyſtême religieux des Perſes, il a voulu ſeulement déſigner que ce Philoſophe avait été le bienfaiteur de ſon ſiècle; Platon était trop éclairé pour croire qu'un Sage pût naître d'un Génie; il eſt même très-douteux qu'il crût au Génie de ſon maître, du grand Socrate.

On regarde Zoroaſtre comme le fondateur & le Patriarche des Mages; il eſt le premier Philoſophe connu des Grecs qui éclaira le monde ſur l'origine des êtres & ſur les élémens de l'Aſtronomie (*c*); il réſidait dans la Bactriane,

(*a*) Pline le place dans une antiquité bien plus reculée, car il croit qu'il vécut ſix mille ans avant la priſe de Troye. *Hiſtor. Natur.* lib. 30, cap. 1.

(*b*) Dialogue du *premier Alcibiade.*

(*c*) *Juſtin*, lib. 1, cap. 1.

qu'il avait civilisée, & dont les peuples l'aimaient comme leur père, & lui obéissaient comme à leur Roi (*a*). Sa mort ne fut pas comme devait l'être celle de tous les Sages, la fin d'un beau jour; s'il en faut croire les Grecs, il eut des démêlés politiques avec Ninus, qui lui fit la guerre & le tua (*b*). Suivant les Orientaux, des barbares, sortis des forêts de la Scythie, fondirent sur sa colonie naissante, renversèrent son Pyrée, & le massacrèrent avec ses Mages (*c*), qui regardèrent, peut-être, comme l'héroïsme du courage religieux de mourir sans se défendre.

Le systême théologique du premier Zoroastre était d'une simplicité sublime; l'Etre suprême existait avant le tems,

---

(*a*) Justin, dans son Abrégé de Trogue Pompée, lib. 1, cap. 1, l'appelle tout simplement Roi de la Bactriane, *Rex Bactrianorum*.

(*b*) Justin, *loc. citat.*

(*c*) *Biblioth. Orient.* de d'Herbelot. *Passim.*

vivifiait les mondes par sa providence, & devait survivre à leurs catastrophes.

Le feu solaire, comme l'élément le plus dégagé de toute matière hétérogène, était, à ses yeux, le symbole le plus parfait de la Divinité.

Mais le soleil n'est pas toujours sur l'horison; la nuit vient à son tour attrister la nature; il fallait, dans une Religion faite pour le peuple, peindre ces alternatives d'absence & de retour; Zoroastre appella Oromaze la lumière qui émane du soleil, & Arimane, l'ombre qui s'accroît à mesure que la lumière se dégrade; voilà la base du dogme pholosophique des deux principes, dont on s'est servi pour expliquer l'introduction du mal physique & moral sur le globe.

Zoroastre ne voulait point que ses disciples bâtissent des temples, comme s'il était indigne de la majesté de l'Ordonnateur des mondes de se voir circonscrit dans l'enceinte d'un édifice élevé par des hommes.

Cette Religion ſimple & dégagée de tous les dogmes hétérogènes que dans la ſuite les Mages y ont ajoutés, fut celle de la Perſe durant la dynaſtie des Princes de la Maiſon de Keyomaras; les citoyens, qui n'eurent pas, comme les Prêtres, un grand intérêt à l'altérer, ſe la tranſmirent de ſiècle en ſiècle preſque dans toute ſon intégrité, & on croit que les Parſis en ſont aujourd'hui les dépoſitaires. Arrêtons-nous donc un moment ſur l'hiſtoire de ces Parſis, afin de connaître à fond le culte du premier Zoroaſtre.

Les Parſis ſont, avec les Penſylvains, les hommes les plus pacifiques du globe; leurs ennemis même rendent juſtice à la pureté de leur morale; ils entretiennent le feu ſacré, ſymbole de la Divinité, mais ils ne l'adorent pas; amis de la liberté, mais ennemis des diſſentions civiles, par-tout où ils ſont tolérés, ils obéiſſent à la loi des Princes; ſimples, mais décens dans leurs habillemens, on ne voit parmi eux ni l'indigence qui fait gémir l'humanité, ni le luxe qui l'écrase; ils ont les mœurs de la nature au milieu des peuples qui la font oublier.

Les dogmes des Parsis peuvent s'allier avec tous les gouvernemens; ils regardent comme des actes de vertu de planter un arbre, & de produire un homme; aussi l'agriculture est en honneur parmi eux, & ils ont en horreur le célibat; cette aversion est si profondément enracinée dans leurs esprits, qu'ils regardent le titre de célibataire comme un opprobre; & si un de leurs enfans meurt sans avoir été marié, ils donnent de l'argent à une de leurs concitoyennes pour lui faire épouser le cadavre.

Ces Parsis ont épuré le dogme de la Métempsycose; ils ne tuent jamais les animaux qui sont utiles à l'homme; mais s'ils ont eu des faiblesses, ils s'engagent à les réparer, en exterminant les insectes malfaisans, & les animaux destructeurs; ils sont presque les seuls hommes qui rendent la satisfaction des crimes privés utile au genre humain.

Un homme de bien, obſcur, eſt un demi-dieu pour les Parſis; il n'en eſt pas de même d'un conquérant; ils regardent comme des monſtres Alexandre & Mahomet; au reſte, leurs ancêtres ont tant ſouffert des victoires du Héros de la Macédoine, & de la Religion intolérante des Muſulmans, qu'on pourrait leur pardonner d'être ſenſibles, quand même on ne les louerait pas d'être juſtes.

Aſſurément des hommes attachés au culte pacifique que je viens de décrire, ne cherchent point à gouverner la multitude par l'erreur & par la terreur, à ſoulever les peuples contre les Souverains, à monter ſur les Trônes qu'ils ont renverſés. Si donc nous trouvons, dans l'Hiſtoire de la Perſe, des partiſans de l'Ouraniſme, qui fomentent les troubles publics, qui uſurpent la puiſſance ſuprême, qui mettent le Trône ſur l'autel, nous pouvons en conclure qu'il n'y a qu'un vain rapport de nom entre ces adorateurs du feu, & les diſciples du premier Zoroaſtre.

On preſſent déja que nous parlons des Mages qui uſurpèrent un moment le Trône de Cyrus, & il eſt utile de fixer un moment ſes regards ſur ces Cromwels ſacrés de la Perſe.

Le mot de Mage eſt dérivé du *Mag* des anciennes langues de l'Orient, qui veut dire *Prêtre* (*a*). Porphyre veut que le terme primitif de Mag ſignifie à-la-fois un Sage & un Prêtre (*b*); & en effet, ces deux attributs pouvaient être réunis chez les Mages que fonda le premier Zoroaſtre.

C'eſt aux Mages qu'il faut attribuer la dégradation de l'Ouraniſme; ce changement, dans le culte religieux, ne ſe fit pas tout-à-coup, l'homme n'épure ſes opinions, ou ne les altère que par degré; il ne s'endort pas Théiſte, pour

---

(*a*) Hyde, *de Relig. Veter. Perſar.* cap. 31.

(*b*) *De abſtinent.* lib. 4.

ſe réveiller Polythéiſte ; mais il eſt impoſſible à l'Hiſtoire de fixer les époques de ces révolutions ſucceſſives qu'éprouva dans la Perſe la Religion de Zoroaſtre. Tout ce qu'on peut aſſurer, c'eſt qu'à la mort de Cambyſe, les Mages l'avaient pliée à leur politique ambitieuſe, & ſe ſervaient de ſes dogmes pour jetter les fondemens de leur Théocratie.

D'abord les Mages s'étaient réſervé le privilége excluſif d'entretenir le feu perpétuel dans les Pyrées, & pour attirer à cet égard l'attention de la multitude, ils y joignaient toutes les pratiques minutieuſes que la ſuperſtition fait naître ; ils prétendaient qu'aucun ſouffle n'était aſſez pur pour entretenir l'activité de ce feu ſymbolique ; dans la crainte qu'il ne fût ſouillé par le mélange de leur haleine, ils ne s'en approchaient que la bouche couverte d'un voile, & comme ils étaient obligés en même-tems de prononcer les paroles de leur liturgie, ce voile interpoſé empêchait leurs prières de parvenir jusqu'aux oreilles des spectateurs ; ce qui était encore un nouveau moyen d'en imposer à la multitude.

On sent quel parti pouvaient tirer les Mages de l'affluence du peuple dans leurs pyrées. Car les hommes ont toujours à parler à l'Etre suprême ; le citoyen heureux vient demander au ciel de nouvelles faveurs ; l'infortuné à ne plus l'être ; il n'y a que l'athée qui ne demande rien ; mais aussi on ne voit point d'athée dans les Empires qui commencent, l'Athéisme annonce toujours la décadence des mœurs & celle des Gouvernemens.

Les Mages de la Perse profitèrent habilement de l'ascendant que leur donnait la Religion sur l'esprit du peuple pour le gouverner avec un sceptre invisible ; mais ils eurent la prudence de ne point faire pressentir leur plan de domination, jusqu'à ce qu'un concours heureux d'évènemens leur permît d'établir sur une base leur Théocratie.

Les Mages avaient, au reste, une grande

ſupériorité ſur le reſte des Perſes ; c'eſt qu'ils en étaient les plus éclairés ; la raiſon cultivée par les connaiſſances, forme un poids prodigieux dans la balance politique des Etats ; avec elle on mène & le peuple, & les Rois, & ſon ſiècle & les générations à naître.

Malheureuſement les Mages, entraînés par leur ſyſtême de domination, ne profitèrent de la ſupériorité de leur raiſon que pour en pervertir l'uſage ; ils commencèrent par ſubſtituer à la Religion ſimple de Zoroaſtre une Religion ſacerdotale dont eux ſeuls avaient la clef. Plutarque, qui avait été à portée d'étudier à fond cette abſurde théogonie, l'analyſe ainſi dans un de ſes Ouvrages, qui eſt le plus cité par les Philoſophes (*a*).

» Oromaze naquit, ſuivant les Mages » de la Perſe, de la lumière la plus pure, » & Arimane des ténèbres ; ces deux

---

(*a*) *De Iſide & Oſiride.*

» principes se font une guerre éternelle ;
» le Génie du bien engendra six dieux,
» qui sont la Bienveillance, l'Ordre, la
» Sagesse, la Richesse, la Joie vertueuse,
» & la Vérité ; le Génie du mal, pour con-
» trebalancer son pouvoir, en produisit
» six autres, parfaitement contraires aux
» dieux de son rival ; à cette époque,
» Oromaze se fit lui-même trois fois plus
» grand qu'il n'était, & s'éleva au-dessus
» du Soleil, à la même distance que cet
» astre est élevé au-dessus de la terre ;
» alors il embellit le firmament d'étoiles,
» & fit de Sirius la sentinelle des cieux ;
» son Génie actif ne se lassant pas de pro-
» duire, il créa vingt-quatre dieux, qu'il
» enferma dans un œuf. Arimane l'imita
» dans cette dernière production ; mais
» les œufs célestes s'étant cassés, les biens
» & les maux se mêlèrent sur notre glo-
» be «. (Les Mages ajoutaient, à cette
théorie, des prédictions). » Ils disaient
» qu'Oromaze serait trois mille ans vain-
» queur de son rival ; qu'ensuite la ba-

» lance renaîtrait, & que les deux Génies
» emploieraient trente autres ſiècles à ſe
» combattre l'un l'autre, & à détruire
» réciproquement leurs ouvrages; ils
» finiſſaient par annoncer la deſtruction
» d'Arimane : époque importante pour
» le globe, parce qu'alors les hommes
» vertueux jouiraient d'un bonheur inal-
» térable dans des corps diaphanes, qui
» n'auraient nul beſoin de nourriture
» mortelle; toutes ces merveilles devaient
» être ſuivies du repos d'Oromaze, mais
» repos inſtantané, tel que le ſommeil
» d'un Artiſte qui vient d'achever un pé-
» nible travail «.

On voit, par cet expoſé de Plutarque, que le ſyſtème théologique des Mages ouvrait la porte aux rêveries les plus abſurdes du Polithéiſme; il eſt probable qu'eux-mêmes n'y croyaient pas, & cependant ils le propageaient avec zèle; il ſavaient trop bien qu'il faut des merveilles dans une théogonie, pour la faire adopter,

& que ce n'eſt pas avec la froide raiſon qu'on mène la multitude.

Le moyen le plus sûr qu'avaient imaginé les Mages pour ne jamais perdre l'Empire d'opinion qu'ils avaient uſurpé, était d'établir en art les rêveries de l'Aſtrologie judiciaire; ces Charlatans ſacrés faiſaient métier d'interpréter les ſonges, de tirer les horoſcopes, de prédire le bonheur ou le malheur par l'inſpection des étoiles; voilà, peut-être, l'origine la plus naturelle du ſens que l'Europe moderne attache au mot de magie

Les Mages formaient une claſſe eſſentiellement diſtinguée du reſte des Perſes; c'était une légion ſacrée qui avait ſon cri de guerre, ſon uniforme & ſes drapeaux; ils ne pouvaient s'allier qu'entr'eux; à l'époque où ils changèrent l'Ouraniſme en une religion ſacerdotale, comme ils étaient en très-petit nombre, ils ſe permirent des unions illégitimes; le père épouſait ſa fille, & le fils devenait le mari de ſa mère; leur nombre s'accrut, & l'uſage abominable reſta; il eſt probable que les Rois de Perſe ſe ſervirent de ces exemples autoriſés, pour juſtifier, aux yeux des peuples, leurs propres inceſtes.

Et comment les Rois, dans l'yvreſſe de leurs paſſions, n'auraient-ils pas cherché, dans l'exemple des Miniſtres des autels, une excuſe que leur raiſon déſavouait, puiſqu'ils ſuçaient, pour ainſi dire, avec le lait tous les principes de leur doctrine menſongère & puſillanime; telle était l'opinion que les peuples avaient des lumières des Mages qu'on ne pouvait régner en Perſe ſans avoir été leur élève (*a*);

(*a*) Et mon garant ici n'eſt point un Hérodote, c'eſt Cicéron. Le texte de ce Philoſophe ne ſouffre pas une double interprétation. *Rex Perſarum nemo poterat eſſe, qui non antè Magorum diſciplinam ſcientiam que percepiſſet.* Voy. *de natura Deorum*, lib. I.

quand l'héritier présomptif de la Couronne avait atteint l'âge de quatorze ans, on lui donnait quatre maîtres; c'étaient (s'il faut en croire les fabricateurs de Romans philosophiques) le plus sage, le plus juste, le plus sobre & le plus brave de la Perse; le Mage, en qualité de Sage, dirigeait en chef l'éducation du Prince; c'était lui qui lui apprenait l'art de régner, & les principes de la Religion de Zoroastre (*a*).

On voit, par les faits que je viens de rapprocher, que ce n'est point le hasard seul qui mit sur le Trône de Cyrus l'audacieux Sphendadate; la révolution fut la suite d'une vraie conspiration des Mages; on profita, il est vrai, de la ressemblance de l'usurpateur, avec Tanyoxarce, pour rendre le complot moins odieux; mais si cette occasion ne s'était pas présentée, on aurait saisi un autre

(*a*) Platon, premier dialogue d'*Alcibiade*.

prétexte; depuis plusieurs siècles le Sacerdoce luttait sourdement contre la Monarchie, & il fallait que tôt ou tard l'un ou l'autre fût renversé.

DE LA THÉOCRATIE

INTRODUITE PAR LES MAGES,

ET DU RÈGNE DE SPHENDADATE (a).

CE n'était pas la première fois que l'Orient avait vu une couronne ſur la tête d'un Mage; Béléſis l'était, & Arbace l'avait fait Roi de Babylone ; mais ce Béléſis n'avait point été porté au Trône

(a) Hérodote, qui, quand il parle des étrangers, donne toujours un vernis grec aux noms de ſes Héros, ainſi qu'aux faits qu'il expoſe, appelle *Smerdis* le Sphendadate de Ctéſias ; & on ſe doute bien qu'il a été ſuivi par tous les Ecrivains qui ne jugent pas, mais qui tranſcrivent.

par une secte qui partageait son pouvoir; l'épée seule de l'Empereur Mède, & sa reconnaissance, faisaient ses titres; aussi on oublia bien-tôt que Béléfis avait été Mage : lui-même l'oublia, peut-être, & il n'y eut point de Théocratie.

Il n'en était pas de même de la Perse à l'époque de la mort de Cambyse; Sphendadate, porté au Trône de Cyrus, par un complot raisonné des Mages de l'Empire, avait vingt mille têtes pour diriger la sienne, & cent mille bras invisibles pour exécuter les décrets de son despotisme; si la révolution fut de si courte durée, c'est que la nation, neuve encore, avait tout son ressort, mais transportez Sphendadate deux siècles plus près de nous, & la Perse aurait eu son grand Lama, comme les Tartares.

L'ordre des Mages, à la première nouvelle de la blessure de Cambyse, s'empressa à gagner Bagapate & Artasyras, qui avaient la plus grande influence dans le Palais, & par conséquent dans l'Empire ; l'intrigue réussit, & avant même que le fils de Cyrus fût mort, ils convinrent de déférer sa Couronne à Sphendadate, & de le faire régner sous le nom de Tanyoxarce.

Cambyse mourut, & les esprits avaient été si habilement ménagés dans la capitale, qu'on y proclama Roi sans réclamation Sphendadate.

Et il fallait bien que le Mage eût alors d'autres appuis que sa frivole ressemblance avec le frère de Cambyse ; car le secret fatal avait transpiré de toutes parts ; l'Eunuque qui, sous le règne précédent avait été maltraité par Sphendadate, avait dévoilé par-tout le mystère de la supposition du faux Tanyoxarce ; on savait à la Cour que ce crime impuni de Cambyse avait causé le suicide de sa mère, & l'assassinat de son épouse. Tout récemment, Ixabate, qu'on avait chargé de conduire en Perse le corps de Cambyse pour lui rendre les devoirs funèbres, s'était plû à dessiller les yeux de la multitude,

& à dénoncer le Mage à l'armée, comme un usurpateur (a). Il n'en fallait pas tant pour perdre Sphendadate, dès les premiers jours de son règne, s'il avait été le Bélésis isolé de Babylone.

Cependant le Conseil, qui veillait à la sûreté du nouveau Souverain, ne s'endormait pas sur les bruits injurieux qu'on cherchait à répandre; on proscrivit la tête d'Ixabate; celui-ci se réfugia dans un temple; mais un temple n'est jamais sacré pour le Ministre ambitieux qui l'habite; les Satellites des Mages arrachèrent leur victime de l'autel qu'il embrassait, & le conduisirent au supplice.

Après cet exemple de rigueur, que les Mages jugèrent nécessaire pour étouffer les murmures, ils multiplièrent les actes

(a) Je préviens, qu'autant qu'il est en moi, je suis pas à pas Ctésias; ce n'est que quand cet Historien se tait, que j'ai recours à Hérodote, pourvu cependant qu'il ne contredise ouvertement ni Ctésias, ni la raison.

de bienfaisance, afin de se concilier la bienveillance de la multitude; l'or & les graces furent répandues, avec profusion, parmi les grands qu'on voulait gagner; il parut un édit qui exemptait, pendant trois ans, la nation du service militaire, & de toute espèce d'imposition. Aussi les simples habitans des campagnes, qui en général s'inquiètent peu du nom de celui qui les gouverne, pourvu qu'ils soient heureux, bénirent Sphendadate, & le pleurèrent encore, lorsqu'ils apprirent que les vengeurs du Trône de Cyrus avaient massacré cet usurpateur & flétri sa mémoire.

Il est triste pour les personnes qui aiment à étudier le cœur humain, que ce règne, qui commençait sous de si heureux auspices, ne se soit pas prolongé plus long-tems; on aurait vu s'il était de l'essence de la politique des Mages de faire toujours le bien des peuples; ou plutôt si sentant une fois leur pouvoir affermi, ils n'auraient pas écrasé la Perse du poids de l'autel & du Trône ; ce problême, qui peut être résolu par la Philosophie, ne doit pas même être discuté par l'Histoire.

Il y avait sept mois que Sphendadate occupait paisiblement le Trône de Cyrus, lorsque des Satrapes, que les Mages eurent l'orgueil de ne point craindre, opérèrent une révolution nouvelle qui changea, pour la troisième fois, dans un an, la forme du gouvernement de la Perse.

Onophas (*a*), dit Hérodote, se trouvait, à cette époque, un des Grands les plus distingués de l'Empire, soit par ses richesses, soit par sa naissance ; il avait une fille nommée Phédime, qui, introduite autrefois dans le Serrail de Cambyse, était encore l'objet des amours passagers de Sphendadate. Onophas la

---

(*a*) Cet Onophas, le premier des conjurés, dans Ctésias, est appellé Otanes dans Hérodote.

fit prier d'examiner, par elle-même, ſi ſon amant était le fils de Cyrus, ou un impoſteur; & pour lui en faciliter les moyens, il lui apprit un ſecret étrange ſur la perſonne de Sphendadate.

On prétend que ce Mage s'étant rendu coupable d'un grand délit ſous le règne de Cyrus, ce Conquérant, pour le punir, lui avait fait couper les oreilles.

Il ne paraît pas, dans nos mœurs, qu'un homme d'Etat, à qui ſon Souverain inflige un pareil ſupplice, réuſſiſſe pendant vingt ans, à en faire un myſtère à ſa nation.

On pourrait répondre cependant qu'aujourd'hui encore, dans les Cours de l'Aſie, les arrêts qui émanent uniquement du deſpotiſme, n'ont aucune eſpèce de publicité; il y a tel ſupplice (ſur-tout quand la mort ne s'enſuit pas), qui n'eſt connu que du Souverain qui ſigne l'arrêt, de l'infortuné qui le ſubit, & du bourreau qui l'exécute.

On ſait que les Perſes, coëffés de leur

longue thiare, ne se découvraient jamais; ainsi il était aisé à Sphendadate de voiler son ignominie.

Le soin du Mage, depuis qu'il régnait, de se rendre invisible à tout le monde, excepté aux conspirateurs sacrés à qui il devait son Trône, éloignait encore tous les moyens de dévoiler, à cet égard, son imposture.

Il ne restait, pour percer le mystère, que l'artifice ingénieux imaginé par Onophas, & cet artifice réussit.

Ce Satrape, instruit par sa fille que le prétendu Tanyoxarce n'était que le Mage Sphendadate, s'empresse à diffamer, dans la capitale, le nouveau gouvernement; il réussit sans peine à mettre dans son parti six Grands de la Perse, Idernès, Norodabate, Mardonis, Barises, Atapherne & Darius, fils d'Hystaspe (a), & pour

(a) Trois de ces noms de conjurés se rapportent avec la liste d'Hérodote; c'est Hydarnès, Intapherne & Darius, fils d'Hystaspe; pour les éviter toute trahiſon, le jour même que le complot ſe forme, il s'exécute.

Hérodote, avant de faire ſéparer les Satrapes, s'amuſe, à ſon ordinaire, à leur faire prononcer des harangues; celle qu'il met dans la bouche de Darius, eſt bien faite pour le dégrader, on croit entendre non un Brutus qui vient rendre ſa patrie libre, mais un Catilina qui parle à ſes complices. » Soyez tranquil-» les, leur dit-il, j'ai un prétexte pour » pénétrer, ſans péril, juſqu'au fond du » Palais; je dirai aux gardes (quoiqu'il » n'en ſoit rien) que j'arrive du camp » des Perſes, & que j'ai des choſes im-» portantes à dire au Roi, que je ne puis » communiquer qu'à lui ſeul. Quand il » y a quelqu'intérêt à déguiſer la vérité, » il ne faut point le faire à demi; au » fond, le menſonge & la vérité tendent » toujours au même but «. — Heureuſe-

trois autres, ils diffèrent eſſentiellement; le père de l'Hiſtoire, qui les a probablement créés, les appelle Aſpathine, Megabyſe & Gobryas.

ment, pour la mémoire de Darius, cette harangue n'a jamais été écrite que dans le cabinet d'Hérodote.

Cependant les Mages ne s'endormaient pas ſur les nouveaux bruits qui commençaient à ſe répandre ; pour les faire tomber tout-à-fait, ils tentèrent de corrompre Prexaſpe, qui paſſait, à la Cour, pour avoir lui-même empoiſonné le frère de Cambyſe ; ils préſentèrent, à ſon ambition, la plus brillante perſpective, & quand ils le crurent gagné, ils aſſemblèrent les Perſes dans la cour du Palais, le firent monter ſur une tour, d'où il pouvait parler à la multitude, & lui firent promettre de déclarer ſolemnellement que le Prince qui régnait était Tanyoxarce.

Ce Prexaſpe, dont les Mages voulaient faire l'inſtrument de leur tyrannie, était le même Satrape qui, voyant le cœur de ſon fils percé par une flèche de Cambyſe, avait répondu avec la baſſeſſe d'un courtiſan qui a fait divorce avec la nature :

Apollon lui-même n'aurait pas visé plus juste ; mais il montra, dans sa conduite avec les Mages, un courage raisonné, qui ne semblait pas dans son caractère, & c'est un nouveau chapitre à ajouter aux contradictions de l'esprit humain.

Prexaspe, monté sur la tour du Palais, loin de se prêter à la fourberie des Mages découvrit au peuple tout le mystère de la mort de Tanyoxarce. » Oui, c'est » moi, dit-il, qui, forcé par la politique » farouche de Cambyse, ai présenté à » son frère le poison qui a terminé sa » vie ; ce fut long-tems un secret entre » le Tyran & moi ; un imposteur en a » profité pour usurper le nom & le Trône » de Tanyoxarxe ; qu'attendez-vous, gé- » néreux concitoyens, pour vous venger ? » Que n'embrasez-vous ce Palais pour » vous rendre libres ? Pour moi, que le » despotisme a forcé à empoisonner votre » maître, je vais m'en punir «. — A ces mots, il se précipita du haut de la tour,

& périt plus glorieufement qu'il n'avait vécu.

Pendant cette fcène terrible, les fept conjurés s'approchaient; ils preffentirent combien l'avanture de Prexafpe pouvait les fervir dans leur entreprife, & ils fe préfentèrent devant le Palais avec intrépidité; le jour, en ce moment, commençait à fuir, & faifait place au crépufcule.

Ce que les conjurés avaient prévu arriva; les gardes du portique, qui virent entrer fept grands Seigneurs avec tout le fafte réfervé à leur naiffance, crurent que le Roi les demandait, & s'ouvrirent pour leur faire paffage.

Les Eunuques des appartemens fecrets ne furent pas fi indulgens; ils refusèrent nettement aux conjurés de leur ouvrir les portes confiées à leur garde; alors ceux-ci mirent l'épée à la main, & les maffacrèrent.

Sphendadate & fon frère tenaient alors confeil fur les fuites de ce qu'ils appellaient la perfidie de Prexaſpe ; le bruit du combat, les cris des vainqueurs, les gémiſſemens des mourans attirèrent toute leur attention ; ils ne tardèrent pas à s'appercevoir qu'on en voulait à leur vie, & ils réſolurent de la vendre cher ; l'un banda ſon arc, l'autre s'arma d'une javeline ; malheureuſement l'approche des conjurés rendit l'arc inutile ; la javeline, arme un peu plus sûre, bleſſa l'un des Satrapes à la cuiſſe, & creva l'œil à un autre ; cependant Sphendadate, qui vit l'inégalite du combat, voyant la porte d'un cabinet entr'ouverte, voulut s'y précipiter ; Darius & un autre conjuré le ſuivirent ; ce dernier ſaiſit le Mage couronné, & exhorta Darius à le frapper ; le généreux Darius qui craignait, dans l'ombre de la nuit, de percer ſon ami, avec le Tyran qu'il tenait étroitement embraſſé, héſitait ; *frappe*, lui dit le Perſe intrépide, *ma mort n'eſt rien ſi ma patrie eſt libre* ; Darius porta, au haſard, un coup de cimeterre, & eut le bonheur de ne tuer que Sphendadate.

Tout ce récit est tiré de l'Histoire d'Hérodote ; il y a infiniment moins de détails dans Ctésias ; mais aussi sa version porte bien plus le sceau de la vraisemblance.

D'abord le Sphendadate du Médecin d'Artaxerxe ne paraît point distingué de Tanyoxarce par la perte de ses oreilles (*a*).

Les conjurés de Ctésias ne se haranguent pas, mais ils agissent : il font entrer dans leurs complots Bagapate & Artasyras, qui connaissaient l'intérieur du Palaïs, & à qui on avait confié les clefs de tous les appartemens ; cette voie était un peu plus sûre que de se battre avec des Eunuques, au péril de rassembler la

(*a*) J'avoue cependant qu'il n'y a rien dans le texte de Ctésias qui contredise formellement ce trait du récit d'Hérodote.

garde nombreuſe des Mages; auſſi les Satrapes pénétrèrent, dans l'ombre de la nuit, ſans obſtacle, juſqu'au lit de Sphendadate; ce Prince était alors couché avec une courtiſanne de Babylone; dès qu'il apperçut les conjurés, il s'élança ſur ſes armes, mais on avait eu ſoin de les ſouſtraire à ſes regards; il rompit alors une chaiſe d'or, ſe fit une eſpèce de maſſue avec le pied, & combattit quelques momens avec courage; enfin, cédant au nombre, il tomba, percé de coups, aux pieds de Darius. Son règne avait été de ſept mois; ainſi l'époque eſt la même que celle de la mort de Cambyſe, c'eſt-à-dire l'an 1719 de l'Ere de Calliſthène.

Ce fut particulièrement à la mort de Sphendadate que la nation put voir que l'élévation de ce Prince avait été l'effet, non d'un concours heureux de circonſtances, mais d'un ſyſtême réfléchi de l'ordre entier des Mages. Les conjurés, qui devaient au peuple de juſtifier la révolution, s'empreſsèrent de publier toutes les preuves de ce complot des Ministres de la Religion pour introduire la Théocratie en Perse ; & se sentant encouragés par les cris d'indignation qui s'élevaient de toutes parts contr'eux, ils proscrivirent la tête de tous ceux qui habitaient la capitale.

Les soldats exécutèrent à l'instant les ordres des Satrapes; ils all rent massacrer, dans les places publiques & dans les maisons, les Mages qu'on leur avait désignés, & la nuit seule mit fin au carnage.

Les Perses, pour éterniser la mémoire de cette Saint-Barthelemy des Mages, instituèrent une fête annuelle, qu'ils paraissent avoir célébrée au moins jusqu'au tems de l'invasion d'Alexandre. Ce jour-là, il était défendu aux Mages de sortir de leur maison, & il en coûtait la vie au téméraire qui osait enfreindre cette défense. Hérodote traduit le mot Perse qui désigne cette fête mémorable, par celui de *Magophonie*, qui veut dire, massacre des Mages.

Ainſi ſe termina la grande révolution que préparaient, peut-être depuis trois ſiècles, les Prêtres de la Perſe; de ce moment, nous ne verrons plus les Mages jouer aucun rôle dans la Cour des ſucceſſeurs de Cyrus; ſuſpects au peuple, odieux au gouvernement, ne pouvant, par l'opprobre dont on les couvrait, ſe propager, ils ſe trouvèrent réduits à garder le feu de leurs Pyrées, & à bercer, dans l'ombre, la crédulité ignorante, par la futilité de leurs horoſcopes.

AVÈNEMENT DE DARIUS I,

AU TRONE DE LA PERSE (a).

Les conjurés, qui avaient délivré la Perse de la tyrannie de ses Mages, étaient trop politiques pour laisser croire au peuple que leur but était d'anéantir la Religion dont ils avaient à jamais enchaîné les Ministres; aussi le premier acte de leur pouvoir fut de déférer au Soleil le choix de celui d'entr'eux qui ceindrait sa tête de la couronne de Cyrus.

Hérodote, toujours tourmenté de sa manie de voir ou de créer par-tout des Républiques, suppose qu'avant cet hommage fait par les conjurés à la grande divinité des Perses, Otane proposa aux

(a) Ctésias dans la *Biblioth.* de Photius; Hérodote, *Thalia*, ou lib. 3.

aſſaſſins de Sphendadate d'introduire, dans leur patrie, le gouvernement populaire; Megabyſe, après lui, parla en faveur de l'Ariſtocratie, & enfin Darius, qui prit le parti de l'ancien gouvernement, ramena la plûpart de ſes collégues au choix de la Monarchie; Ctéſias ne parle point de tous ces débats politiques; il me ſemble qu'Hérodote les a imaginés pour amener trois harangues de Rhéteur que prononcent Darius, Otane & Megabyſe en faveur des gouvernemens qu'ils ont adoptés. Ces harangues ne prouvent pas le fait, elles ne prouvent que l'eſprit d'Hérodote.

Les conjurés étant décidés à avoir un Roi, Otane déclara qu'il ne voulait ni commander, ni obéir; il céda ſon droit au Trône, à condition qu'on le maintiendroit lui & ſa poſtérité dans la plus parfaite indépendance, & ſa demande lui fut accordée d'une voix unanime.

Il fallait que la politique des collégues d'Otane fût bien peu clair-voyante, pour lui céder ainsi à jamais un si étrange privilége; dès qu'on admet au sein d'une Monarchie un homme indépendant de la Monarchie même, il n'y a plus d'unité dans le gouvernement; cet homme, quel qu'il soit, devient l'égal du Souverain, & tôt ou tard il faut qu'il subisse son joug, ou qu'il le détrône.

L'indépendance d'Otane & de sa postérité ne causa cependant aucun trouble dans la Perse, & rien ne prouve mieux le peu d'autorité du fait lui-même, que nous ne devons, au reste, qu'à l'imagination d'Hérodote, ou à sa crédulité.

Avant de procéder à l'élection, les sept conjurés se réservèrent deux priviléges moins dangereux que celui d'Otane; l'un était d'avoir leurs entrées libres au Palais, excepté lorsque le Roi & la Reine reposeraient ensemble; l'autre obligeait les Souverains de la Perse à ne partager leur Couronne qu'avec des filles de leurs Maisons.

Enfin, on procéda au choix d'un Souverain, & l'honneur, comme nous l'avons déja dit, en fut réservé au Soleil; il fut décidé que les conjurés se rendraient hors de la ville, lorsque l'astre du jour commencerait à dorer de ses premiers rayons notre hémisphère, & que celui dont le cheval échauffé par cette chaleur bienfaisante, hennirait le premier, serait couronné Roi de Perse.

L'Ecuyer de Darius, qui voulait mettre son maître sur le Trône, ne se fia pas à cette chaleur bienfaisante du Soleil; il conduisit une jument, à l'entrée de la nuit, dans la plaine où se devaient rassembler les conjurés, il la fit couvrir, sur le lieu, par le cheval de Darius, & l'y laissa attachée à un arbre; le lendemain ce cheval fortuné ne put voir la jument sans hennir de plaisir, & c'est ainsi que Darius devint Roi; tout cela n'est guères dans nos mœurs; mais aussi ce sont des hommes simples que nous mettons sur la scène, & dans des siècles si éloignés de nous, il semble que nous n'ayons droit de rejetter des faits extraordinaires, que quand ils sont évidemment altérés par l'intervention des prodiges.

Darius, ou plutôt Darab, (car c'est son nom oriental) était fils d'Hystaspe, & descendait de l'illustre maison d'Achœmène; il avait fait, dit-on, ses premières campagnes sous Cyrus, & ce Conquérant avait été jaloux de sa gloire naissante; on se rappelle le songe que lui prête Hérodote au moment où il venait de passer l'Araxe pour subjuguer les Massagètes; il vit, pendant la nuit, Darius qui s'élevait dans les nuages, soutenu par des aîles énormes, dont l'une ombrageait l'Asie, & l'autre l'Europe. Le Conquérant, qui aimait à interpréter ses songes, & qui les interprétait toujours au gré des sombres terreurs qui assiégeaient son ame farouche, se persuada qu'une ombre qui vole au milieu des illusions de la nuit, désignait un sujet qui conspire contre la vie de son Souverain, & il partait pour punir Darius, lorsqu'Hystaspe lui proposa de se rendre lui-même en Perse, afin de s'assurer de la personne de son fils ; l'ombrageux Conquérant ne se calma que par degrés, & l'Histoire rapporte que son rêve sinistre ne cessa de le tourmenter que quand il vit l'Araxe entre lui & le père de Darius.

Darius, ajoute-t-on, se conduisit avec beaucoup de prudence sous le règne orageux de Cambyse, & le Tyran, yvre du sang de tout ce qui l'approchait, ne se rappella point le rêve de Cyrus.

Au reste, rien n'est moins certain que cette histoire de la jeunesse de Darius, que nous rapportons sur la foi d'Hérodote ; Ctésias dit positivement que ce Prince mourut à l'âge de 43 ans, & suivant les calculs d'une Chronologie scrupuleuse, il en avait régné au moins 25 ; si vous joignez à cet intervalle les 18 ans de la tyrannie de Cambyse, il se trouvera que le fils d'Hystaspe était à peine né, l'année de la mort de Cyrus.

A peine Darius se vit-il paisible possesseur du Trône de la Perse, qu'il épousa quatre femmes; l'une était une Atossa, fille de Cyrus, qui avait passé dans le lit de Cambyse, & de-là dans celui du Mage Sphendadate; la seconde se nommait Artystone, était sœur d'Atossa, & vierge encore; il leur donna pour rivales, Parmis, issue de Tanyoxarce, & cette fille d'Otane, qui, par son adresse, avait découvert la fourberie de Sphendadate; comme toutes ces femmes n'étaient plus dans leur printems, il est évident qu'elles ne dûrent leur élévation qu'à la politique de Darius.

Cependant les Satrapes, qui avaient contribué, avec le nouveau Roi, à délivrer la Perse du joug des Mages, jouissaient du plus grand crédit à la Cour; on n'osait leur refuser des graces, & s'ils étaient restés confédérés, ils seraient devenus aussi puissans que le Souverain. L'un d'eux, enflé de sa grandeur, voulut tenter ſi ſon pouvoir éprouverait des bornes en luttant contre l'autorité royale ; mais comme la prudence de Darius n'était pas de la faibleſſe, l'épreuve ne ſervit qu'à appuyer davantage ſur ſa baſe le nouveau gouvernement.

On ſe rappelle le privilége qu'avaient obtenu les Satrapes d'entrer, ſans introducteur, dans l'appartement du Roi, excepté quand il repoſerait avec la Reine ; Intapherne, qui ne doutait de rien, voulut pénétrer chez Darius dans le tems qu'il était renfermé avec une de ſes femmes ; les deux Officiers qui veillaient à la garde du Palais, s'opposèrent au projet d'Intapherne ; alors le Satrape tira ſon cimeterre, leur coupa le nez & les oreilles, leur fit attacher au col un mords & une bride, & ſe retira.

Darius ne tarda pas à être informé de l'audace d'Intapherne ; il commença par interroger, en particulier, les cinq autres Satrapes, pour tâcher de pénétrer ſi la mutilation de ſes Officiers était l'effet d'un complot tramé entr'eux ; mais quand il vit qu'Intapherne ſeul était coupable, ſes inquiétudes ſe calmèrent, & il réſolut de prévenir, par une vengeance éclatante, les attentats qu'on ſerait tenté, dans la ſuite, de former contre ſon autorité.

Le Roi envoya ſes Satellites arrêter Intapherne avec ſes enfans & toute ſa famille, excepté les femmes, & les enveloppant ſans diſtinction dans la même ſentence, il les condamna tous au ſupplice.

Un pareil jugement, qui, en frappant un coupable, punit en même-tems une foule d'infortunés du crime de leur naiſſance, ſoulève aujourd'hui l'ame ſenſible de tout Philoſophe qui attache quelque prix au ſang des hommes ; mais il ne parut que juſte aux ſujets de Darius : tant ils étaient façonnés au joug du deſpotiſme ! tant les horreurs impunies du règne de Cambyſe avaient monté les mœurs nationales au ton de la férocité !

Dès que l'épouse d'Intapherne fut inſtruite de l'orage qui menaçait toute ſa famille, elle alla ſe jetter aux pieds du Roi; la beauté de cette femme, ſes larmes touchantes, cette éloquence qu'inſpire le malheur, & que les graces du ſexe rendent ſi perſuaſive, tout concourut à ébranler le cœur de Darius; ce Prince lui accorda la vie d'un des priſonniers, & lui permit de le choiſir, à ſon gré, dans ſa famille; le choix de la belle éplorée tomba ſur ſon frère; le Roi, ſurpris, lui demanda pourquoi elle ne ſauvait pas plutôt la vie à ſon fils ou à ſon époux, elle répondit qu'un ſecond mariage lui rendrait un époux & des enfans, mais que ſon père & ſa mère n'étant plus, elle ne pouvait recouvrer un frère; cette réponſe, qui n'eſt cependant que le ſophiſme d'un eſprit faux qui ſe joue de la nature, fut admirée de Darius, & il lui accorda, outre la vie de ſon frère, celle de l'aîné de ſes enfans; pour Intapherne & le reſte de ſa famille, ils furent tous conduits au supplice (a).

Darius était monté très-jeune sur le Trône de la Perse, & il avait déja toute l'expérience de la maturité; on dit même que dans cet âge de l'effervescence des passions, où sur-tout quand on est Roi, on ne cherche qu'à jouir, le sage fils d'Hystaspe, deja détrompé sur le néant de la vie, ne s'occupait que de l'instant fatal qui devait la terminer; dans cette vue, il se fit ériger un tombeau sur la cîme d'un rocher infiniment escarpé; le monument achevé, Hystaspe & sa femme voulurent le voir, mais leur curiosité leur coûta cher; il y avait, pour arriver à la pointe du roc, un passage très-dangereux qu'on ne pouvait franchir qu'en se faisant tirer par des cordages. Des Prêtres Chaldéens, appellés depuis quelque tems à la Cour pour remplacer les Mages, &

(a) Toute cette histoire d'Intapherne est tirée du 3e. Livre d'Hérodote.

commis à ce miniſtère, à l'aſpect de quelques ſerpens qui ſortirent tout-à-coup des fentes du rocher, s'effrayèrent, lâchèrent les cordages, & le père & la mère de Darius, précipités dans un abîme, y perdirent la vie. Le Roi, outré d'un pareil déſaſtre, fit tomber les têtes de quarante Chaldéens ſous le glaive du bourreau (*a*).

Darius, né loin du Trône, n'avait pas l'ame ſanguinaire; cependant on voit, avec regret, que les premières années de ſon règne ne ſont marquées que par des ſupplices. Parmi ce grand nombre de morts ſanglantes, contre leſquelles de tems en tems les Sages de la Perſe réclamaient, il y en eut une à laquelle toute la nation applaudit: ce fut celle d'Oretès, Gouverneur de la Lydie; mais pour ne point laiſſer de nuages ſur cet évènement mémorable, il

(*a*) Ctéſias, *Biblioth. Phot. loc. citat.*

faut

ſaut reprendre de plus haut l'hiſtoire du Satrape.

Oretès tenait ſon gouvernement de Lydie de Cyrus lui-même; & dans ſa longue adminiſtration, il s'était permis toutes les violences qui avaient pu affermir ſon deſpotiſme; le trait de ce genre qui avait le plus révolté tous les eſprits, était l'aſſaſſinat de Polycrate.

Polycrate régnait tranquillement dans l'Iſle de Samos, n'ayant rien à démêler ni avec les Gouverneurs de la Lydie, ni avec les Rois de Perſe; Oretès, qui voulait ſe rendre maître de ſes Etats, ſans combattre, propoſa à ce Prince de lui prêter de grandes ſommes d'argent, pour l'aider à acheter l'Empire de la Grèce; l'unique condition qu'il mettait à ce bienfait, était que Polycrate viendrait retirer lui-même le tréſor qui lui était deſtiné. Le Roi de Samos, aveuglé par ſon ambition, ne ſoupçonna, dans l'étrange propoſition d'Oretès, aucune perfidie; il s'embarqua pour Magneſie, où résidait alors le Satrape ; mais à peine fut-il descendu de son vaisseau, que les Satellites d'Oretès l'enchaînèrent, & le firent périr par le supplice de la croix.

Cette atrocité ne fut pas la dernière de la vie abominable d'Oretès ; il fit mourir jusqu'à des Satrapes des provinces voisines de son gouvernement, quand leurs sages représentations humilièrent son orgueil ; en un mot, il était le Cambyse de la Lydie, & le monstre en faisait gloire.

Dès que Darius se crut paisible possesseur de la Perse, il songea à venger les Lydiens de la longue tyrannie d'Oretès ; mais il n'était pas aisé d'attaquer, à force ouverte, ce fameux coupable ; il avait mille hommes pour sa garde, & au moindre mouvement, il pouvait lever une armée formidable, non-seulement dans la Lydie, mais encore dans l'Ionie & dans la Phrygie, dont il avait eu l'art de faire des provinces de son gouvernement ; le Roi demanda conseil aux

Grands de la Perse ; trente s'offrirent à le défaire d'Oretès, sans exposer la majesté de son Trône. Bagée fut choisi seul, & il se rendit à Sardes, muni de plusieurs lettres scellées du sceau du Souverain.

Bagée mit, dans l'exécution de son projet, une circonspection qui seule pouvait le faire réussir ; il commença par sonder les gardes du Satrape, pour savoir si le nom de leur Roi retentissait encore avec plaisir à leurs oreilles ; quand il vit que le serment qu'ils avaient fait, avec la nation, aux successeurs de Cyrus, était plus sacré pour eux que la foi qu'ils avaient promise à leur Gouverneur, il leur donna à lire une lettre de Darius, qui ne contenait que ces mots. » Perses, » le Roi vous défend de servir désormais » de gardes à Oretès «. — A l'instant ces nombreuses cohortes se désarmèrent. Bagée, enhardi par le succès de son entreprise, tira alors, de son sein, une nouvelle lettre du Prince, & permit, aux ſoldats déſarmés, d'en rompre le cachet, & d'en faire la lecture. Darius proſcrivait, par cette lettre, le Gouverneur de la Lydie, & ordonnait à tous les Perſes, qui étaient reſtés fidèles à la Couronne, de le mettre à mort; les gardes ne balancèrent pas, ils reprirent leur cimeterre, forcèrent les portes ſecrettes du Palais, & le Satrape fut maſſacré (*a*).

On trouva, parmi les eſclaves d'Oretès, un Médecin Grec, nommé Democède, qu'on envoya à Darius, & qui, par une complication ſingulière d'avantures, devint la cauſe de la guerre la plus mémorable qu'on citera jamais dans les annales des hommes.

Darius s'était démis le pied à la chaſſe en deſcendant de cheval; les Médecins

(*a*) Cette anecdote eſt tirée du 3e. Livre d'Hérodote; & malgré ſon importance, elle n'eſt citée dans aucune de nos Hiſtoires Univerſelles.

d'Egypte, à qui il s'était confié, l'avaient tourmenté pour le guérir, & son mal avait prodigieusement empiré ; on lui amena alors Democède, vêtu en esclave & chargé de chaînes, qui le traita à la manière des Grecs, & le mit en état de marcher; le Roi, reconnaissant d'un tel service, combla le Médecin Grec de présens, lui donna, dans Suze, un palais superbe, & lui permit de manger à sa table.

Democède ajouta à son triomphe un trait bien digne de sa grandeur d'ame; les Médecins d'Egypte qui avaient traité le Roi si mal au commencement de son accident, venaient d'être condamnés à être empalés; (car chez les Despotes les punitions les plus justes sont toujours des crimes); Democède, quoique leur rival, demanda leur grace, & y mit tant de zèle qu'il l'obtint, ce qui donna, à la Cour de Suze, une haute idée des mœurs de la Grèce.

Cependant, malgré le crédit de Democède à la Cour des Rois de Perse, malgré l'opulence dont on le faisait jouir, & l'encens dont on l'ennyvrait, le nom de patrie, qui retentit toujours si agréablement dans les ames bien nées, revenait sans cesse à sa mémoire; l'idée de ne pouvoir fouler encore le sol qui l'avait vu naître, empoisonnait tous ses plaisirs, & le chagrin dont il était dévoré déposait contre l'envie qui le croyait heureux.

Sur ces entrefaites, Atossa, femme de Darius, eut un ulcère au sein, sur lequel elle consulta Democède; le Médecin promit de la guérir, mais à condition qu'elle engagerait le Roi à porter la guerre dans la Grèce; Democède devait servir de guide aux espions qu'on enverrait d'abord dans le pays pour prendre connaissance de la situation des villes, & de la force des places; bien persuadé que dès qu'il serait dans sa patrie, il lui serait aisé de se dérober à la vigilance de ces espions ; il est bien étrange que le Médecin Grec n'eût pas trouvé d'autre moyen pour se rendre libre, que de compromettre la liberté de toutes les Républiques de la Grèce.

Quoiqu'il en soit, Atossa détermina le Roi à porter la guerre dans la Grèce. Ce ne furent point des espions vulgaires, mais quinze Seigneurs de la Cour qui s'offrirent de visiter tout l'Archipel ; on leur donna l'ordre secret, en partant, de veiller sur les démarches de Democède, & de le ramener en Perse.

Les émissaires de Darius arrivèrent à Tarente, & furent arrêtés comme espions ; Democède profita de l'occasion, se fit reconnaître, & devenu libre, se rendit à Crotone, où il était né ; à peine commençait-il à respirer cet air de la patrie, qui ne ressemble point à celui qu'on respire ailleurs, que les Perses, captifs dans Tarente, furent relâchés ; instruits de la fuite de Democède, ils volent à Crotone, le rencontrent dans la place publique, &

veulent l'arrêter ; le peuple s'émeut ; on maltraite les raviſſeurs de Democède, & ils ſont obligés de s'en retourner en Aſie, n'oſant pourſuivre leur voyage dans la Grèce, parce qu'ils n'avaient plus de guide pour les conduire.

Pour multiplier encore les chaînes qui le liaient à ſa patrie, Democède y épouſa la fille du célèbre athlète Milon, & il eût l'audace d'en inſtruire le Roi de Perſe.

Darius, outré de ſe voir joué par un homme qu'il avait comblé de bienfaits, jura de le punir lui & ſa patrie qui l'avait vu naître, & la Grèce entière qui le protégeait ; tel fut, ſuivant Hérodote, l'origine de la guerre mémorable entre les Grecs & les Perſes.

Ctéſias fait précéder cette fameuſe expédition d'une autre contre les Scythes, qui, par ſes ſuites fatales, aurait bien dû guérir Darius de la manie d'attaquer des peuples tranquilles, qu'il ne pouvait punir que du crime d'être libres ; le récit de l'Hiſtorien eſt ſimple, & porte tous les caractères de la vérité.

Darius, dit Ctéſias, envoya ordre à Ariamnès, Satrape de Cappadoce, de deſcendre dans la Scythie, de ravager tout le pays, & d'amener eſclave, en Perſe, tout ce qu'il ne paſſerait pas au fil de l'épée.

Le Satrape docile partit avec une flotte de trente navires, mit tout à feu & à ſang dans le pays, & fit priſonnier le frère du Roi, qu'il conduiſit en Perſe.

Scytharcès gouvernait alors les Scythes; il écrivit, au Roi de Perſe, une lettre pleine de hauteur ſur cette infraction du droit des Gens; Darius lui répondit en levant une armée de huit cents mille hommes; enſuite il fit jetter des ponts pour la communication du Boſphore avec le Danube, & deſcendu dans le pays ennemi, il acheva de le dévaſter.

Quand les deux Rois ne ſe trouvèrent plus qu'à quelques journées l'un de l'autre, ils s'envoyèrent réciproquement un arc par manière de défi ; mais l'arc du Scythe s'étant trouvé beaucoup plus difficile à bander que celui de Darius, ce Prince, allarmé de cet augure sinistre, ne songea qu'à retourner en Perse; il repassa précipitamment le Danube sur les ponts qu'il avait fait construire, & craignant la poursuite des Scythes, il les fit rompre avant que son armée entière eût achevé de défiler; alors il resta, en Europe, quatre-vingt mille hommes que Scytharcès, yvre de vengeance, fit tous massacrer.

Hérodote dessine aussi à sa manière cette expédition malheureuse de Darius contre les Scythes; & il suffit de mettre son tableau en regard avec celui de Ctésias, pour voir lequel des deux grands Peintres a droit de travailler pour les hommes.

Hérodote, avant de mettre ses Scythes en action, peint le lieu de la scène; il raconte comment, dans l'origine de la population de ce peuple, quatre pièces d'or massif tombèrent du ciel, & brûlèrent les premiers sauvages qui osèrent les toucher ; il expose, sur la foi de ces mêmes Scythes, pourquoi le nord de leur Empire est inhabité ; la raison est digne de la Physique de ces tems-là (*a*) ; c'est que l'air est obscurci par des nuages de plumes qui interceptent la lumière. Cette Scythie d'Hérodote est le pays des merveilles ; ici sont les Arimaspes qui n'ont qu'un œil ; là des montagnards qui marchent avec des pieds de chèvre ; ailleurs est un peuple qui seme du bled, non pour cuire du pain, mais pour faire du feu : c'est à-peu-près dans le même esprit que l'Histoire de Roland a été écrite par l'Arioste.

(*a*) Voici encore de la Physique d'Hérodote. » Je ne puis m'empêcher de rire, dit-il, de » ceux qui ont décrit la circonférence de la » terre, qui veulent nous persuader que l'Océan » l'environne de ses eaux, & qui assurent que » la terre est ronde, comme si elle avait été » fabriquée sur le tour «. Voyez *Melpomène*, ou lib. 4.

Darius fit, ſuivant le même Hérodote, les plus grands apprêts pour cette guerre de Scythie; il équipa une flotte de ſix cents voiles, leva une armée de ſept cents mille hommes, & jetta un pont ſur le Boſphore. Comme ce Prince ſortait de Suze, le Satrape Eobaſe, qui avait ſes trois fils dans l'armée des Perſes, le pria de lui en laiſſer un pour être l'appui de ſa vieilleſſe; Darius répondit qu'il ſurpaſſerait ſon attente, & le vieillard ſentit la joie renaître dans ſon cœur paternel; le Roi, une heure après, envoya à Eobaſe les cadavres de ſes trois enfans qu'il venait de faire égorger.

Darius, entré en Scythie, ſe mit à la dévaſter; l'ennemi furieux envoya alors, au camp des Perſes, un héraut, qui avait ordre de préſenter au Roi un oiſeau, une ſouris, une grenouille & cinq flèches; on demanda à l'envoyé ce que ſignifiaient ces préſens ſymboliques, & il répondit que les Perſes, qui ſe croyaient ſupérieurs au genre humain, avaient, ſans doute, aſſez d'intelligence pour les interpréter; Darius, qui en qualité de Roi devait avoir encore plus d'eſprit que le reſte de ſes ſujets, réſolut à l'inſtant le problême. » Ces préſens des Scythes, dit-il, » m'annoncent qu'ils reconnaiſſent mon » Empire; la ſouris, ſymbole de la terre, » & la grenouille, ſymbole de l'eau, » prouvent que le ſol & les fleuves de » leurs pays vont m'appartenir; l'oi- » ſeau déſigne la vîteſſe des chevaux » qu'ils montent, & ces chevaux, avec » leurs flèches, vont tomber en mon » pouvoir «.

Gobryas empoiſonna un peu le plaiſir de cette découverte. » Je ne crois point, » dit-il, les Scythes prêts à ſe rendre, » & à en croire mon preſſentiment, voici » leſens de l'Oracle. Perſes, ſi montés » ſur les aîles des oiſeaux, vous ne prenés » le chemin des airs: ſi, à l'exemple de » la ſouris, vous ne vous creuſez une

» route dans le sein de la terre, si vous » n'apprenez de la grenouille à vous ca» cher sous la surface des eaux, vous » périrez tous par nos flèches «.

Cette explication de Gobryas donna à penser au Roi; il prit, sur-le-champ, le parti que lui dictait sa terreur; il retourna dans ses Etats avec son armée, & laissa Megabyse en Europe avec quatre-vingt mille hommes, qui, au lieu d'être passés au fil de l'épée, comme Ctésias & la vraisemblance semblent l'autoriser, subjuguèrent divers peuples, & ajoutèrent plusieurs provinces à l'Empire des Perses.

L'expédition des Scythes touche de près à la conquête de Babylone, s'il en faut croire ces Histoires Universelles, où l'on compile tout ce que les anciens & les modernes ont dit de la Perse, excepté ce qu'en a écrit Ctésias.

Comme cette conquête de Babylone donne lieu à un problême chronologique que je crois impossible de résoudre, il faut, pour en faire entendre du moins l'énoncé, exposer d'abord le fait tel qu'il est dans Hérodote (*a*).

Babylone renaissait de ses ruines ; ses remparts s'étaient élevés en silence pendant les troubles de la Perse, & à peine s'était-elle crue en état de se défendre contre les successeurs de Cyrus, qu'elle avait repris son indépendance.

Darius se présenta devant la ville avec une armée formidable ; mais après un intervalle de vingt mois, il ne se trouvait pas plus avancé que le jour où il avait commencé le siége ; Zopyre, le fils d'un des Satrapes avec lesquels ce Prince avait conspiré contre le Mage Sphendadate, lui procura, par un artifice étrange, la réduction de Babylone.

Ce Zopyre se coupa le nez & les oreilles, & parut en cet état devant les murs de Babylone ; on l'introduisit dans la ville,

---

(*a*) Je préviens que je passe tous les prodiges qui retardent la marche de l'Histoire.

& il exposa, aux assiégés, que Darius l'avait ainsi fait mutiler, parce qu'il lui avait conseillé d'abandonner à sa destinée un peuple dont le ciel protégeait l'indépendance ; les Babyloniens, flattés des éloges d'un si illustre transfuge, lui confièrent la garde de leur ville, & Zopyre en ouvrit les portes à l'armée de Darius.

Tel est le récit d'Hérodote : Ctésias parle aussi, dans son Histoire de Perse, d'une réduction de Babylone, mais il la place sous le règne de Xerxès. Suivant cette nouvelle version, les rebelles tuèrent Zopyre, leur Satrape ; alors les Perses firent le siége de leur ville. Megabyse, gendre de Xerxès, se mutila comme le transfuge d'Hérodote, & Babylone retourna ainsi sous l'empire des Perses.

Ce mot de Ctésias, *les rebelles tuèrent Zopyre, leur Satrape*, paraît d'abord un trait de lumière jetté dans la nuit de cette Chronologie ; en effet, il est dit, dans Hérodote, que Darius, pour récompenser Zopyre, lui donna le gouvernement de l'ancienne Métropole de l'Asie; alors il faut supposer deux réductions de Babylone, une sous Darius, & l'autre sous Xerxès, & le nœud gordien semble du moins coupé, s'il n'est pas dénoué.

Mais le savant Photius, à qui nous devons le Fragment de Ctésias, rend encore cette explication insuffisante. » Hérodote, dit-il, & l'Historien que » j'analyse, s'accordent en général sur » les principaux évènemens de la con- » quête de Babylone; seulement ce que » le premier fait exécuter par Zopyre, » Ctésias en attribue la gloire à Mega- » byse, gendre de Xerxès «. — Il est donc bien évident, par le texte du Patriarche d'Alexandrie, qu'il n'y a eu qu'une réduction de Babylone.

Maintenant, comment Photius, qui avait sous les yeux les textes de Ctésias & d'Hérodote, n'a-t-il pas remarqué la contradiction des deux Historiens, dont l'un met la prise de Babylone sous le règne de Xerxès, & l'autre sous celui de Darius ? Y aurait-il une transposition dans l'Histoire d'Hérodote ? Le Livre original de Ctésias aurait-il été altéré ? Serait-ce l'Ouvrage même de Photius qui ne serait point parvenu à nous dans toute son intégrité ? On peut, à cet égard, choisir entre vingt opinions ; voilà pourquoi nous ne nous fixerons à aucune (*a*) ; &, au fond, qu'importe à la connaissance des mœurs & de l'esprit humain, que Babylone, esclave, ait secoué ses chaînes dix ans plutôt ou dix ans plus tard, pour retomber l'instant d'après dans son ancien esclavage ?

Darius fut plus heureux dans l'invasion que ses Généraux firent dans l'Inde ; ce

---

(*a*) Nous ne nous sommes même étendu sur ce problême chronologique, que parce que, malgré sa singularité, il n'en est parlé dans aucune de nos Histoires Universelles.

Prince avait chargé le Grec Scylax, un des plus grands navigateurs de l'Europe, de descendre l'Indus jusqu'à son embouchure, d'entrer dans la mer Rouge par le détroit de Babelmandel, & de revenir à Suze lui faire part de ses découvertes.

Scylax exécuta les ordres de Darius, & ce Monarque, instruit que le peuple pacifique qui habitait les bords de l'Indus ne songerait pas même à se défendre, envoya une armée dans le pays pour en prendre possession; quelques nations allèrent au-devant du joug, & Darius forma, de cette nouvelle conquête, le vingtième gouvernement de la Perse.

Hérodote dit que Darius imposa, aux Indiens subjugués, un tribut annuel de trois cents soixante talens d'or, nombre qui répondait exactement aux jours de l'année des Perses.

Comme il faut toujours avoir la pierre de touche à la main pour apprécier l'or d'Hérodote, j'ai examiné à quelle ſomme monterait, dans ſon hypothèſe, le tribut des Indiens, & voici le réſultat de mes calculs.

Le talent d'argent Attique, celui qui fut adopté de la moitié du monde connu, s'évalue à 5416 liv. 13 ſ. 4 d. de notre monnaie au titre actuel; or, l'or étant en proportion avec l'argent, comme dix eſt à un, il s'enſuit que les 360 talens d'or d'Hérodote vaudraient aujourd'hui 19,400,018 liv.; ſomme incroyable pour une très-petite partie de l'Inde, qui poſſédait, dans ces âges reculés, toutes les richeſſes de la nature, mais très-peu des richeſſes de convention; je crois qu'il faut ranger les 360 talens, impoſés par Darius, avec le fameux cercle d'or du monument d'Oſymandias.

Le dernier évènement mémorable du règne de Darius, eſt ſon expédition malheureuſe contre la Grèce, & ici, il n'y a aucun nuage à diſſiper; nous marchons, guidés à-la-fois par Ctéſias, par Hérodote & par le flambeau de la Chronologie (*a*).

Les Perses commencèrent la guerre sous d'heureux auspices ; Mégabyse s'empara de la Thrace ; Otane prit Byzance & Chalcédoine, & subjugua les Isles de Samos, de Lemnos & de Mitylène ; aucun des Souverains de l'Archipel ne songeait à opposer, par d'utiles confédérations, une digue à ce torrent, qui menaçait de tout engloutir ; tout dormait dans la Grèce, jusqu'au Génie des Miltiade & des Leonidas.

Pour comble de malheur, la mésintelligence régnait entre Athènes & Lacédémone ; la première de ces villes, plutôt

(*a*) Cependant le goût exige que nous nous bornions à un tableau rapide des faits ; la scène se passe chez les Grecs ; ce sont les Grecs qui sont les Héros de ce grand Drame ; il faut donc attendre que nous soyons parvenus à l'Histoire des Grecs, pour raconter cette guerre mémorable, avec tous ses détails.

que de faire, auprès de sa rivale, des démarches de conciliation qui auraient pu l'humilier, préféra de se couvrir d'opprobre, en recherchant l'alliance de Darius; ses Ambassadeurs se rendirent à Sardes, & n'y éprouvèrent que des dégoûts; le Satrape Artapherne leur fit demander, de la part du Roi, où était située Athènes, & si elle avait quelque existence en Europe; tous ces affronts furent dévorés en silence; enfin, on leur déclara qu'ils ne pouvaient rester à Sardes, s'ils n'accordaient, à Darius, *le feu & l'eau*, c'est-à-dire s'ils ne le reconnaissaient pour leur Souverain, & les Représentans de la République des Solon & des Miltiade, parurent se soumettre au joug d'un Prince qu'ils ne désignaient, dans leur langue, que sous le nom de Barbare.

Heureusement pour la Grèce, Darius abusa de cette humiliation d'Athènes, il voulut la régir avec un sceptre de fer, & la forcer à rappeller, dans son sein, des citoyens turbulens qu'elle s'était cru obligée d'en bannir ; alors les yeux de ces fiers républicains se dessillèrent, & ils résolurent de s'ensévelir jusqu'au dernier, sous les débris de leur patrie en cendre, plutôt que de rester les esclaves des Perses.

Sur ces entrefaites, les Ioniens s'étaient révoltés contre Darius ; les Athéniens envoyèrent, à leur secours, vingt vaisseaux, & quand les confédérés se jugèrent assez forts pour se mesurer contre les Perses, ils les prévinrent, & allèrent mettre le siége devant Sardes ; la ville fit peu de résistance, les Grecs la brûlèrent ; pour la citadelle, on n'osa entreprendre de la réduire, parce qu'elle était défendue à-la-fois par la nature & par la valeur d'Artapherne, le premier guerrier de la Perse.

Darius, apprenant l'embrasement de Sardes, se livra à tout l'emportement de la fureur ; il décocha une flèche contre le ciel, & commanda à un de ses Officiers, toutes les fois qu'il se mettrait à table, de lui dire : *Roi des Perses, souviens-toi qu'Athènes existe, & que tu n'es pas vengé.*

Darius envoya le Satrape Datis en Europe, avec une armée formidable, soutenue par une flotte de six cents voiles, & lui confia le soin de sa vengeance. Les Athéniens étaient loin de trembler, ils combattaient pour une patrie, & le Génie de Miltiade veillait à leur défense; les deux armées se rencontrèrent dans les plaines de Marathon. Les Perses, malgré la supériorité de leur nombre, y furent défaits; Datis périt sur le champ de bataille (*a*), & Miltiade, dans cette journée mémorable, se couvrit d'une gloire immortelle.

Cette bataille de Marathon forme une grande époque dans l'Histoire Grecque; l'exactitude avec laquelle sa datte a été

(*a*) Tel est le récit de Ctésias, qu'il faut toujours suivre, quand il est en contradiction avec Hérodote.

fixée par les Hiſtoriens, nous ſera d'une grande utilité dans le débrouillement de la Chronologie des Perſes. Il paraît, par la conciliation de la Chronique des Marbres avec l'Ere des Olympiades, que cette bataille tombe à l'an 1740 de l'Ere de Calliſthène, quatre ans avant la mort de Darius.

Le Roi de Perſe apprit, dans Suze, la défaite de ſon armée, & ſe livra de nouveau à une fureur d'autant plus abſurde, qu'elle était devenue impuiſſante; il fit, pendant le reſte de ſon règne, les préparatifs les plus extraordinaires pour ſe venger d'Athènes & de toute la Grèce; mais il ne vécut pas aſſez pour voir l'Aſie ſe précipiter, ſans fruit, ſur l'Europe; ce ſpectacle était réſervé à Xerxès ſon fils, Deſpote non moins ſuperbe, & encore plus malheureux.

Le chagrin accéléra, ſans doute, la mort de Darius; ce Prince, au ſortir d'un ſacrifice, tomba malade, & après avoir langui un mois, expira entre les bras de ſes femmes, la vingt-cinquième année de ſon règne, & la quarante-troiſième de ſa vie (*a*); cette mort tombe à l'an 1744 de l'Ere de Calliſthène.

(*a*) Voyez ſur cette eſpèce de paradoxe chronologique nos *Faſtes de la Perſe.*

DE DARIUS,

SUIVANT LES ANNALES DE L'ORIENT.

Les Orientaux ont appellé Gustasp le Darius, fils d'Hystaspe, qui délivra la Perse de la tyrannie des Mages; le Docteur Hyde, le Savant de l'Europe qui a le mieux connu l'Histoire de l'ancienne Perse, est de cet avis; il démontre très-bien que le mot Darius, ou plutôt Darab, n'était qu'un nom de dignité, & que le successeur de Sphendadate, avant de monter sur le Trône, portait le nom de son pere (*a*); ce qui résout le problême.

Ce rapport, prouvé par les noms, se prouve encore par les faits.

(*a*) *De Religione Veterum Persarum*, cap. 20.

Ni Darius, ni Gustasp ne naquirent sur le Trône de la Perse. Le père du premier n'était qu'un simple Satrape; le père de l'autre bornait son pouvoir à donner des loix à la Bactriane (a).

Tous deux plièrent leur esprit pusillanime à toutes les petitesses de la superstition. Nous avons vu le Darius de Ctésias, n'osant appeller à sa cour les Mages qu'il avait détrônés, donner sa confiance à des Prêtres de la Chaldée : ces charlatans sacrés, que Pline fait courir le monde en vendant les erreurs de la magie, & les secrets futiles de l'art des horoscopes. Le Gustasp des Orientaux semble jetté dans le même moule; nous le verrons bien-tôt dupe des prestiges d'un second Zoroastre, contribuer, par sa crédulité, à répandre une religion petite & cruelle qui acheva de faire

(a) *Bibliothèque Orientale* de d'Herbelot, article *Kischtasb.*

disparaître le culte simple & sublime de l'Ouranisme.

La plus forte preuve du rapport entre le Darius des Grecs & le Gustasp de l'Orient, vient de la Chronologie. L'Auteur du *Leb - Tarikh* dit formellement que Socrate fleurissait dans le siècle de Gustasp (*a*) ; or, le Monarque mourut l'an 1744 de l'Ere de Callisthène & le Philosophe naquit 17 ans après, c'est-à-dire la quatrième année de la 77e Olympiade.

Nous serons très-courts sur ce règne de Gustasp ; les annales de l'Orient sont parvenues à nous si mutilées, ceux qui les ont écrites font mouvoir leurs Héros au milieu de tant de merveilles, que quand un Historien du dix - huitième siècle veut travailler sur leurs mémoires, il voit les volumes se réduire à quelques lignes, dans le creuset de la raison.

(*a*) D'Herbelot, *Biblioth. Orient.* article *Kischtasb*, pag. 1007, seconde colonne.

Guſtaſp, devenu Roi de Perſe, quitta la ville de Balk, où il réſidait, pour établir le ſiége de ſon Empire à Iſtekar, que les Grecs ont nommé Perſépolis.

Il eut de fréquentes guerres avec les Rois du Turqueſtan, ennemis éternels de la Perſe. Pour prévenir leurs invaſions, il fit conſtruire, au-delà de Samarcande, une grande muraille dans l'étendue de cent vingt paraſanges; on ſait que la paraſange de l'ancienne Perſe eſt, à quelques toiſes près, la meſure de la lieue de nos Aſtronomes.

La gloire de ce Guſtaſp fut éclipſée, même de ſon vivant, par celle de ſon fils Eſpendiar, eſpèce de Paladin, qui, s'il n'avait pas vécu dans le pays des enchantemens, reſſemblerait aſſez aux Héros de notre antique Chevalerie.

Mais comment parler, dans une Hiſtoire des Hommes, de cet Eſpendiar & de ſes exploits? Eſt-il naturel qu'il ſe laiſſe charger de groſſes chaînes d'airain par les Satellites de ſon père, & qu'ensuite il les brise sans peine pour faire parade de sa force ? Quel est ce voyage merveilleux que le Héros fait, pour aller assassiner, dans son palais, le Roi du Turquestan ? » Il y avait, disent les » Orientaux, trois chemins qui condui- » saient de la forteresse où résidait Es- » pendiar, à la capitale des Turcs. L'un » très-facile, demandait un voyage de » six mois; c'était la route ordinaire des » caravannes; l'autre plus incommode, » obligeait à passer au travers d'une plaine » de sables, dépourvue d'eau & de ver- » dure; le voyage n'était que d'un mois; » enfin le dernier se trouvait pratiqué » sur des montagnes toujours couvertes » de neiges, & parmi des bois, deve- » nus depuis long-tems l'asyle des bêtes » féroces; une semaine suffisait pour le » traverser « (*a*). Assurément ce n'est

(*a*) *Biblioth. Orient.* de d'Herbelot, article *Kischtasb*.

pas aux Géographes qu'on s'adresse, quand on suppose en Asie deux positions de villes telles, que pour aller de l'une à l'autre, on puisse abréger, en une semaine, un voyage de six mois. Pour achever le tableau des contradictions de la vie d'Espendiar, nous ajouterons que Zoroastre fit avaler, au Héros, trois pepins de grenade pour le rendre invulnérable contre l'atteinte des flèches, & que Rostam le tua d'un coup de flèche.

Un personnage d'une physionomie bien plus marquée qu'Espendiar, & qui trouva moyen de gouverner la Perse, sous le nom de Gustasp, est le second Zoroastre ; comme ce prétendu Prophête a fondé un culte qui subsiste encore, il faut s'arrêter un moment sur sa personne; la vie de tous ces imposteurs sacrés entre dans l'Histoire philosophique des erreurs de l'esprit humain.

DU

DU SECOND ZOROASTRE.

ZERETHOSCHTRO, dont les Arabes ont fait Zerdhuſt, & les Grecs Zoroaſtre, eſt un des Légiſlateurs religieux de l'Orient; ſa vie eſt, de tous les problêmes hiſtoriques, le plus difficile à réſoudre: aucun Ecrivain ne s'accorde ſur ſes détails; ni les Arabes analyſés par d'Herbelot (*a*), ni le Docteur Hyde, qui a fait les plus profondes recherches ſur la Religion des Perſes (*b*); ni l'Abbé Foucher, qui a donné tant de Mémoires à l'Académie des Belles-Lettres ſur le ſyſtême du feu principe; ni le laborieux Anquetil, qui a été dans l'Inde demander aux Parſis eux-mêmes des lumières ſur la perſonne & les écrits de leur Légiſlateur.

(*a*) *Bibliothèque Orientale*, pag. 930.
(*b*) *De Religione Veter. Perſarum*, cap. 24.

Ce qui a contribué à épaissir encore les nuages répandus sur la vie de ce Prophête de l'Orient, c'est qu'on l'a confondu avec le premier Zoroastre, le fondateur de l'Ouranisme, & un des Sages qui a le plus mérité du genre humain par la morale pure & le culte pacifique qu'il a donné à la Perse.

Nous avons déja parlé de cet antique Zoroastre; c'est à lui qu'il faut attribuer cette sublime définition de la Divinité: » Dieu est le plus ancien de tous les êtres; » toujours uniforme, source de tous les » biens, meilleur que tout ce qui est » bon, plus sage que tout ce qui est » sage, il tient de lui-même son exis- » tence, ses perfections, & son empire » sur l'Univers (*a*) «.

Ce Zoroastre ne fit point de prodiges;

(*a*) Ce fragment nous a été conservé par Eusèbe, dans sa *Préparation Evangélique*, lib. 1, chap. 10.

mais il parla de Dieu avec la raison la plus éclairée ; alors le cœur de l'homme, sur quelque point du globe qu'il se trouve, répond, par un doux frémissement, à la voix du Législateur Philosophe.

La morale du fondateur de l'Ouranisme, fut celle de la nature ; & si les Parsis sont encore aujourd'hui les hommes les plus respectables de l'Asie, c'est qu'ils ont conservé cette morale sublime, malgré les révolutions de l'Indostan, les conquêtes des Européens, & les crimes de leurs Rois.

S'il est vrai que ce grand homme ait fait le *Zenda-vesta*, & que le *Sadder* en soit l'abrégé, il y a consigné sa doctrine : *Citoyens*, y est-il dit, *sachez oublier les injures. — Peuples, souffrez que le flambeau des sciences vous éclaire. — Sages, portez avec hardiesse la vérité jusqu'au trône des Souverains. — O hommes ! apprenez que le plus beau présent fait à la terre est celui de la morale de la nature.*

Il y a eu des contrées en Aſie où ces principes vigoureux, ſoutenus par des particuliers, alarmèrent le gouvernement; mais le Sage qui les établiſſait était Roi de la Bactriane.

Le ſecond Zoroaſtre vint ſoutenir, avec des prodiges, le culte du feu principe, que le premier n'avoit inſtitué qu'à l'aide de la raiſon. Il naquit à Urmi, ville de l'Adherbijan, il y a environ vingt-trois ſiècles; ſa vie eſt un tiſſu de merveilles; auſſi a-t-elle été compoſée en vers, & on peut juger du dégré d'autorité que peut avoir une hiſtoire, quand elle eſt écrite par des Poètes, & par des Poètes qui croient aux preſtiges de la baguette (*a*).

(*a*) Les plus grands détails que nous ayions ſur la perſonne du ſecond Zoroaſtre, ont été recueillis par M. Anquetil; *Zenda-veſta*, tom. 1, ſeconde partie; & ce Voyageur avoue qu'il les a preſque tous tirés des poëmes indiens, qui ont pour titre *Zerdust-namah* & *Tchengréghatch-*

Zoroaſtre, diſent les Orientaux, rit en naiſſant ; merveille qui convenait plus à Démocrite, qu'au Légiſlateur auſtère des Brachmanes.

Un chef de magiciens (car il devait y avoir des partiſans du mauvais principe dans le pays natal d'Arimane) inſtruit que Zoroaſtre deviendrait un jour le deſtructeur de ſa ſecte, va chez le père de cet enfant céleſte, l'apperçoit dans ſon berceau, & veut le fendre en deux d'un coup de cimeterre ; mais ſa main sèche à l'inſtant, & Oromaze eſt vainqueur d'Arimane.

Les magiciens de la Bactriane étaient à l'épreuve des preſtiges. Ils trouvent le moyen d'enlever Zoroaſtre ; ils le portent dans un déſert, le placent ſur un bûcher formé de bois réſineux, l'embraſent, &

---

namah. — Cette partie du Zenda-veſta va me ſervir de matériaux pour écrire l'Hiſtoire du ſecond Zoroaſtre.

ſe retirent. Dogdo, mère de l'enfant, arrive à propos, voit le ſage dormant tranquillement au milieu des flammes qui formaient une voûte au-deſſus de ſa tête, & le ramène dans ſon palais : on ſe doute bien que ce prodige ne fut raconté que lorſque Zoroaſtre, devenu célèbre, eut donné à l'Aſie ſon Evangile.

Zoroaſtre, ſur le point de donner une religion à ſa patrie, alla ſur une haute montagne conſulter Oromaze ; un ange le tranſporta dans le ciel ; faveur que l'Etre ſuprême accorda auſſi, pluſieurs ſiècles après, à Mahomet ; mais les voyages de ces deux Légiſlateurs n'ont pu encore fixer la ſituation de ce ciel dans la carte de l'Univers.

Ce voyage de Zoroaſtre eſt, au reſte, un Roman moral très-inſtructif. Le ſage demande à Oromaze quel eſt le meilleur des hommes. *C'eſt*, répond Dieu, *celui dont le cœur eſt droit, & qui eſt bienfaiſant pour tous les êtres.*

Je suis, ajoute-t-il, *le génie du bien; les insensés disent que je suis le tyran de l'espèce humaine; mais je ne veux pas même le mal de ceux qui avancent de tels blasphêmes.*

Zoroastre demande l'immortalité à Oromaze; celui-ci lui montre tous les évènemens de la terre, depuis son origine jusqu'à sa catastrophe : à la vue de tant de fléaux & de tant de crimes, le sage se corrige de la manie de vouloir être immortel.

En sortant de la présence d'Oromaze, Zoroastre s'entretient avec les intelligences célestes; il apprend de l'une à ne point tuer les animaux; une autre lui enjoint de ne jamais laisser éteindre le feu sacré, symbole de l'Etre suprême; un troisième ange lui déclare que le meilleur des Rois est celui qui rend la terre fertile; un dernier lui donne l'ordre de publier son évangile.

Zoroastre, de retour de son voyage

au firmament, apporte son évangile à Balk, & entre dans le palais du Roi Gustasp par le toit, en fendant le plancher. Ce Prince était environné de sages : le Prophête s'approche de son trône : » Je » suis, dit-il, envoyé de la part de celui » qui a fait les sept cieux ; voici sa loi ; » prends & lis «.

Gustasp demande des miracles à l'interprète d'Oromaze : » Va, répond celui- » ci, quand tu auras lu le Zenda-vesta, » tu n'auras plus besoin de miracles ; au » reste, le livre même que je t'apporte, » est le plus grand des miracles «.

Zoroastre lut alors un chapitre du Zenda-vesta ; mais Gustasp ne le goûta pas ; le chapitre était si sublime que le bon Roi n'y entendit rien.

Cependant le conseil de Gustasp persista à demander un miracle, pour justifier la nouvelle doctrine ; Zoroastre, au lieu d'un, en fit deux ; il laissa verser de l'airain fondu sur sa poitrine, qui coula sans le blesser ; ensuite il planta, devant le palais, une branche de cyprès, qui devint, en peu de jours si grosse, que dix grandes cordes ne pouvaient l'environner; les feuilles de ce cyprès avaient la vertu de donner de l'esprit à ceux qui en mangeaient : Gustasp en goûta, & acquit assez d'esprit pour entendre le livre de Zoroastre.

Les Ministres du Prince, qui n'aimaient pas à se nourrir de feuilles de cyprès, formèrent un complot contre Zoroastre; ils gagnèrent le portier de sa maison, & introduisirent secrètement, sous son oreiller, des lambeaux de chair humaine, & des membres de cadavres; ensuite ils allèrent dire à Gustasp que le prétendu Prophête était un enchanteur qui passait la nuit à des sortilèges, & qui ferait quelque jour le malheur de l'Etat. On va à l'instant visiter son lit; & le Prince, qui probablement avait oublié ce jour-là de manger des feuilles de cyprès, fait jetter Zoroastre dans un cachot. Au bout de sept jours, l'Ecuyer de Gustasp s'apperçut que le cheval favori de son maître n'avait plus de jambes : on a recours alors au captif ; celui-ci entreprend la cure ; mais avant que d'opérer sur chaque jambe, il demande quelque chose de nouveau au Monarque. Le prix du premier miracle fut que Gustasp reconnaîtrait le Prophête d'Oromaze ; le prix du second, la conversion de son fils, le héros Espendiar ; & la récompense du troisième, le vœu de la Reine d'être fidelle à la nouvelle loi ; pour la dernière jambe, elle ne put reparaître que par la découverte du complot. Gustasp, assuré de la guérison de son cheval, plaça Zoroastre à côté de lui sur son trône, & fit empaler ses calomniateurs.

Cependant le Roi de Balk, persuadé que son Prophête partageait la toute-puissance, lui demanda de voir la place qui lui était réservée dans le séjour d'Oromaze, la faveur d'être invulnérable, celle de lire dans l'avenir, & le don de l'immortalité.

Zoroastre déclara à son Souverain qu'il

ne pouvait lui accorder qu'une ſeule de ſes demandes, & lui en laiſſa le choix. Guſtaſp s'arrêta à la première ; alors le Prophête l'enyvra, & le Prince eut une extaſe, où il fut tranſporté au pied du trône d'Oromaze.

Les trois autres miracles eurent lieu, mais non ſur la perſonne de Guſtaſp ; car il n'eſt pas permis d'impoſer des loix à Dieu & à ſes Prophêtes.

Zoroaſtre donna du lait à Paſchonten, ſecond fils du Roi, qui but & devint immortel.

Le héros Eſpendiar ne mangea que des pepins de grenade, & il ne devint qu'invulnérable.

Diamaſp, Miniſtre de Balk, eut en partage des parfums, & il lut dans l'avenir preſqu'auſſi bien que Zoroaſtre & les Sibylles.

Zoroaſtre épouſa trois femmes ; il eut de la dernière trois fils, mais qui ne paraîtront qu'à la fin du monde. L'hiſtoire de cette génération n'eſt pas moins merveilleuſe que le voyage au ſéjour d'Oromaze. Le Prophête ne s'approcha de ſa femme que trois fois; auſſi-tôt elle ſe baigna, & les germes reſtèrent dans l'eau ſous la garde de deux anges, juſqu'à ce que, dans la ſuite des ſiècles, des vierges privilégiées entrant, à demi-nues, dans la même eau, reçoivent les germes ſacrés, & conçoivent des fils poſthumes de Zoroaſtre.

Zoroaſtre mourut à Balk, à l'âge de 77 ans, & il compta, dit-on, ſur la fin de ſa vie, quatre-vingt mille ſages dans l'Aſie qui avaient embraſſé ſa doctrine.

Porphyre, qui avait beaucoup étudié la Religion des Perſes, croit que ce Zoroaſtre ajouta à leur ancienne Théogonie, l'Hiſtoire de Mihr ou Mithra, dont la fête ſe célèbre encore aujourd'hui chez les Gentoux avec la plus grande ſolemnité (*a*); la fortune de ce Mithra

(*a*) *De Abſtinent.* lib. 4. *De antro Nympharum.*

devint auſſi ſingulière que celle de Zoroaſtre ; ſon culte fut adopté ſur un tiers du globe, & on inſtitua des myſtères en ſon honneur, qui eurent preſque la célébrité de ceux d'Eleuſis ; l'Hyérophante conduiſait l'initié dans un antre, où Mithra était repréſenté aſſis ſur un taureau, & tenant à la main le glaive d'Ariès, ſigne conſacré à Vénus & à la Fécondité ; là on lui faiſait ſubir les plus fortes épreuves, telles que l'obligation de ſe rouler tout nud au milieu des monceaux de neige, des fuſtigations douloureuſes & multipliées, & un jeûne auſtère de cinquante jours (*a*). Pour augmenter la terreur de l'initié, les Miniſtres des myſtères ſe déguiſaient en bêtes féroces, & en imitaient les hurlemens ; ce n'était qu'après ce long & pénible noviciat que les jeunes proſélytes de Mithra venaient à être inſtruits des ſecrets futiles de l'Hyérophante ; au reſte,

(*a*) *Monumenta Veter. Antii*, pag. 212.

la plûpart des pratiques, petites & cruelles de ces initiations, ont été imaginées par les Romains, qui adoptèrent le culte de Mithra, & il ne faut point en faire un crime à la mémoire de Zoroaſtre.

J'obſerve, en finiſſant, qu'il n'eſt point prouvé que le *Zenda-veſta*, le *Vendidad* & les autres manuſcrits, apportés de l'Inde en Europe, ſoient du premier ni du ſecond Zoroaſtre; ou s'ils en ſont, à force d'avoir été altérés par des copiſtes qui n'entendent plus la langue dans laquelle ils ſont écrits, ils appartiennent moins au Légiſlateur de l'Aſie, qu'à ſes Interprètes.

DES LOIX, DES MŒURS ET DES USAGES DES PERSES.

LE torrent des ſiècles qui nous entraîne, nous empêche, par ſa rapidité, d'apprécier ceux dont nous ſommes partis; en vain la plume de l'Hiſtorien, laſſe de s'appeſantir ſur les crimes des Rois, eſpére-t-elle ſe repoſer ſur le tableau des mœurs tranquilles des peuples de l'âge d'or; on voit, avec regret, que les mœürs des hommes primitifs ſont inacceſſibles à toutes les recherches; nous aurions déſiré, par exemple, de ſuivre le développement de l'eſprit national chez les Perſes, depuis l'inſtant où un Sage vint les civiliſer, juſqu'à celui où un Conquérant vint les détruire; mais ſur quels faits appuyer nos conjectures philoſophiques? Les Orientaux, à qui nous devons l'Hiſtoire de la dynaſtie de Keyomâras, ne voient jamais que le Trône, & rien au-delà. Cyrus vient; mais ce fameux brigand, occupé à faire parler de lui les cent bouches de la Renommée, promène son héroïsme féroce sur un tiers du globe, sans songer qu'il a des hommes dans son pays; l'atroce Cambyse succède à Cyrus, & je ne vois, dans la Perse, qu'un bourreau & des victimes; Sphendadate ne fait que passer, & les Mages n'ont pas le tems d'imprimer un caractère à la nation. Enfin, Darius paraît, il tempère le despotisme de ses prédécesseurs; il limite le pouvoir immense de ses Satrapes; il met, pour la sauve-garde du peuple, des loix entre lui & le Trône; & c'est le moment de consacrer quelques coups de pinceau au tableau des mœurs des Perses.

Je suis d'autant plus fondé à choisir, pour ce tableau, l'époque du règne de Darius, que depuis la mort de ce Prince, jusqu'à l'invasion des Macédoniens, mœurs, usages, institutions, tout resta

dans

dans le même état en Perſe, ſans faire un pas ni vers la perfection, ni vers la décadence ; il n'y eut que le Gouvernement qui devint inſenſiblement plus abſolu ; mais il ne ſe rapprocha jamais de ce qu'il fut ſous Cambyſe, il eſt probable que les Souverains de la Perſe n'eurent pas le tems de parcourir tous les dégrés de l'échelle qui conduit de la Monarchie modérée au deſpotiſme ; & à cet égard, les Perſes durent bénir l'invaſion d'Alexandre.

Il étoit difficile, au reſte, que les Rois de Perſe, à moins qu'ils n'euſſent la philoſophie de Marc-Aurèle, ne cherchaſſent pas ſans ceſſe à devenir plus abſolus ; l'éducation dépravée qu'on donnait à ceux d'entr'eux qui avaient le malheur de naître ſur les marches du Trône, le faſte qui environnait leur perſonne, l'eſpèce de culte que leur rendaient de leur vivant, les eſclaves titrés qui compoſaient leur Cour, tout leur perſuadait qu'ils étaient d'une nature ſupérieure à leurs peuples. Justifions ces reproches par un petit nombre de détails.

Les enfans des Rois étaient élevés dans l'ombre d'un Serrail (*a*), & on confiait leur éducation à des Eunuques, qui semblaient se venger de l'opprobre de leur état, en mutilant à leur tour l'intelligence de leurs élèves.

Leur couronnement se faisait à Pasagarde (*b*) avec une pompe qui tenait de l'apothéose ; c'est-là qu'on les revêtait de la robe de Cyrus, qu'on leur conférait, pour la première fois, le titre extravagant de Roi des Rois (*c*), & que le peuple les adorait presqu'à l'égal de l'Etre suprême.

(*a*) Ce n'est pas là le sentiment de Xénophon ; mais que nous importe les rêveries philosophiques de ce disciple de Socrate ? Malheur à l'Ecrivain qui fait, du Roman de la Cyropédie, une des bases de l'Histoire !

(*b*) Pline, *Hist. Natur.* lib. 6.

(*c*) Arrian. lib. 6, Strab. *Géogr.* lib. 15.

Un fait bien étrange, c'eſt que les ſucceſſeurs de Darius voulurent forcer les étrangers, à qui ils donnaient audience, de ſe proſterner auſſi devant eux, de la façon dont les Perſes ſe proſternaient devant le feu ſacré, & les Grecs devant Jupiter; (car voilà en quoi conſiſtait cette cérémonie de l'adoration). Les peuples de l'Aſie, nés preſque tous eſclaves, ſe ſoumirent à cette humiliation; mais elle révolta l'ame fière & indépendante des Grecs, & la plûpart de leurs Ambaſſadeurs, plutôt que de ſe dégrader ainſi, préférèrent de ne traiter avec le Roi des Rois, que par l'intermède de ſes Eunuques.

Un Thébain, nommé Iſménias, que ſa patrie avait chargé de négocier directement avec le premier Artaxerxe, éluda, dit-on, par un trait d'eſprit, l'opprobre qui pouvait rejaillir ſur lui, d'avoir adoré un barbare (*a*); introduit près du Trône,

(*a*) Je tiens l'anecdote d'Elien, *Hiſt. var.* lib. 1, cap. 21.

il laiſſa tomber, ſans que perſonne s'en apperçût, une bague qu'il portait au doigt, & comme il ſe baiſſait pour la ramaſſer, les Perſes s'imaginèrent qu'il s'était incliné pour ſatisfaire à la cérémonie; par cet artifice ingénieux, dit Elien, Artaxerxe ſe crut adoré, & Iſménias ne fit rien dont un Grec eût à rougir.

Timagoras, Envoyé d'Athènes, moins adroit que l'Ambaſſadeur Thébain, ayant acheté le droit de parler au Roi des Rois, en ſe proſternant tout ſimplement devant lui, à la façon des Perſes; l'Aréopage, à ſon retour, lui fit ſon procès, & le condamna à perdre la tête (*a*).

Cet orgueil impie des ſucceſſeurs de Cyrus, fait un ſingulier contraſte avec le ſyſtême d'égalité reconnu dans les ſiècles antérieurs par les Princes de la dynaſtie de Keyomaras; toutes les années, le premier jour du printems, le Monarque des Perſes primitifs deſcendait de ſon Trône,

(*a*) Valer. Maxim. lib. 6.

& ſe mêlait avec le peuple, qui ſe preſſait autour de lui, & l'appellait le père de la patrie; les laboureurs les plus inſtruits mangeaient à la table royale, & le Prince leur diſait : » Oui, mes amis, » je ſuis votre égal, tout ce que je poſ» sède eſt le fruit de votre travail, & » j'en fais gloire; les Rois ne peuvent » pas plus ſe paſſer des laboureurs qui » le nourriſſent, que les laboureurs des » Rois qui les protègent (*a*) «.

Le faſte des ſucceſſeurs de Cyrus était auſſi révoltant dans leurs feſtins que dans leurs audiences. Athénée nous a tranſmis, à cet égard, un fait qui nous diſpenſe d'autres détails (*b*). Parmi les priſonniers que Parménion fit à Damas, on comptait 277 cuiſiniers de Darius; 29 eſclaves deſtinés à ſervir ſa table & à la deſſervir, 17 échanſons pour l'eau, & 70 pour le

(*a*) Hyde, *de Relig. Veter. Perſar.* cap. 19.
(*b*) *Deipnoſoph.* lib. 8.

vin, 40 officiers chargés de parfumer le Prince, & 66 dont la fonction était de préparer les guirlandes de fleurs dont les plats étaient entrelassés ; assurément une armée où se trouvaient tant d'hommes inutiles, n'était pas faite pour tenir devant Alexandre.

Les Rois de Perse ne semblaient pas plus réservés sur les plaisirs de l'amour que sur ceux de la table ; ils contractaient tous les mariages que demandait soit l'intérêt de leur politique, soit l'intérêt de leurs sens ; ils épousaient, à leur gré, leurs sœurs & leurs filles ; outre cela, le nombre de leurs concubines était illimité comme leurs désirs ; il y eut un Darius qui en entretint 360 (*a*), & un Artaxerxe qui se procura, de ces unions illégitimes, 115 enfans (*b*). On envoyait, à ces Monarques voluptueux, de toutes les

---

(*a*) Diod. Sicul. *Hist. Univ.* lib. 17.
(*b*) Justin, lib. 10.

provinces de leurs Etats, les vierges les plus renommées pour leur beauté & leurs graces; &, à cet égard, la Perse pouvait être regardée comme le Serrail de ses Rois.

Les Despotes de la Perse, pour fournir aux besoins toujours renaissans de leur luxe & de leurs caprices, avaient besoin d'un fonds inépuisable de richesses; mais les peuples, sous les premiers Rois de la seconde dynastie, ne contribuaient que par des dons volontaires à l'opulence de leur Monarque; Cyrus y suppléa en pillant les peuples qu'il subjuguait, & Cambyse les Satrapes qu'il assassinait. Darius, qui crut qu'il n'était point de la majesté des Rois de dépendre de leurs sujets, exigea des Perses des contributions fixes & annuelles; ce qui fit un grand changement dans la constitution; les peuples, comme c'est l'usage, murmurèrent, mais payèrent.

Arrêtons-nous un moment sur les détails de cette levée d'impositions; on nous pardonnera aisément l'aridité de cette nomenclature, quand on verra qu'elle répand le plus grand jour ſur la Géographie de la Perſe, & ſur l'étendue de cet Empire à l'époque du règne de Darius (*a*).

Le Légiſlateur commença par diviſer la Perſe en vingt Satrapies; il y envoya des hommes inſtruits, qui l'éclairèrent ſur la force & les richeſſes de chaque département, & il forma, ſur leurs mémoires, le tableau général des impoſitions; la Perſe propre fut ſeule exempte de toutes contributions. Voici les noms des peuples renfermés dans ces Satrapies, avec le calcul des ſommes qu'ils payaient au Gouvernement.

(*a*) Ces détails ſont tirés d'Hérodote, *Thalia*, ou lib. 3, & de la Carte de Samſon, qui a pour titre : *Perſarum imperium in viginti Satrapias vectigales diſtributum.*

	Talens d'argent.
PREMIÈRE SATRAPIE. — On y avait renfermé une partie de l'Asie mineure ; ses principaux districts étaient l'Eolie, la Carie, la Lycie & la Pamphylie ; cette Satrapie fournissait annuellement au trésor des Rois, quatre cens talens d'argent.	400
SECONDE SATRAPIE. — Elle était située dans la partie occidentale de l'Asie mineure ; la Mysie & le riche Royaume de Crésus, la Lydie, composaient presqu'à elles seules ce beau Gouvernement ; l'imposition était de.	500
TROISIÈME SATRAPIE. — Son territoire devait être infiniment étendu, s'il embrassait, comme le dit Hérodote, quelques colonies de l'Hellespont, la Phrygie, une partie de la Thrace, la Paphlagonie & la Syrie ; cependant tous ces peuples réunis n'étaient imposés qu'à.	360

	Talens d'argent.
QUATRIÈME SATRAPIE. — La Cilicie ſeule formait ce département ; comme ſa poſition ſur les bords de la Méditerranée lui procurait un commerce très-étendu, ſon tribut était très-conſidérable ; elle était obligée de fournir au Roi de Perſe 360 chevaux, & outre cela.	500
CINQUIÈME SATRAPIE. — Elle commençait à une ville de Poſidée, bâtie ſur les frontières de la Cilicie, par Amphiloque, fils d'Amphiaraüs, & s'étendait juſqu'en Egypte (*a*) ; la Paleſtine & l'Iſle de Chypre étaient compriſes dans ce département. La contribution de cette Satrapie était de	350
SIXIÈME SATRAPIE. — Cyrène, Barca, une partie de la Lybie &	

(*a*) Les Arabes, enclavés dans ce Gouvernement, ne payaient rien. Hérod. *loc. citat.*

	Talens d'argent.
l'Egypte entière compoſaient ce Gouvernement ; outre l'argent qui provenait de la pêche du lac Mœris, & le bled que l'Egypte était obligée de fournir à la garniſon de Memphis & à ſix vingt mille Perſes qui gardaient les frontières, le tribut général était de.	700
Septième Satrapie. — Des peuples, tels que les Sattagydes, les Gandariens, &c. inconnus à nos Géographes, mais que je conjecture avoir habité le long du golphe Perſique, formaient cette Satrapie, & ſe trouvaient taxés à.	170
Huitième Satrapie. — Elle avait dans ſon ſein Suze, l'une des Métropoles de la Perſe, avec ſon territoire, & payait à ſes Rois	300
Neuvième Satrapie. — Babylone, & l'Aſſyrie entière, la	

	Talens d'argent.
Médie exceptée, composaient cette riche Satrapie ; elle était obligée de fournir annuellement au Serrail des Rois de Perse 500 Eunuques, & à leur trésor. . .	1000
Dixième Satrapie. — Les Mèdes, & quelques petits peuples voisins, entraient dans ce département : leur tribut était de.	450
Onzième Satrapie. — On n'y comptait que quelques peuples obscurs des environs de la mer Caspienne, taxés en commun	200
Douzième Satrapie. — La Bactriane, qui la formait presqu'entière, rendait au trésor Royal	360
Treizième Satrapie. — Elle commençait à l'Arménie, & s'étendait jusqu'au Pont-Euxin ; sa contribution était fixée à . . .	400
Quatorzième Satrapie. — Elle renfermait le territoire	

	Talens d'argent.
d'un grand nombre de peuples inconnus qui habitaient la partie de la Perse voisine de la mer Rouge ; on comprenait, dans ce département, les Isles de cette mer où les Rois envoyaient les exilés. Il fallait que ces peuples, dont les noms seuls ont été transmis à la postérité, cultivassent les branches les plus lucratives du commerce, puisqu'ils étaient taxés à	600
QUINZIÈME SATRAPIE. — La nation la plus considérable qu'on y rencontrait était celle des Saces; la contribution générale était de.	250
SEIZIÈME SATRAPIE. — Si la Géographie d'Hérodote n'est pas erronée comme sa Chronologie, ce Gouvernement embrassait des provinces bien peu faites, par leur éloignement, pour être réunies sous la même forme d'administration ; l'Historien Grec	

	Talens d'argent.
y comprend le pays des Chorasmiens, la Parthiène, l'Arie & la Sogdiane ; & ce qui n'est pas un moindre sujet d'étonnement, le tribut annuel de ces contrées florissantes n'était en tout que de	300
Dix-septième Satrapie. — Une riche colonie que les Ethyopiens avaient envoyée en Asie, & qui s'était laissé subjuguer par les Perses, composait ce département, & payait à ses vainqueurs.	400
Dix-huitième Satrapie. — On ne connaît guères les Saspires, les Alarodiens, &c. qui entraient dans cette Satrapie ; il est probable que s'ils ont existé, ils habitaient les pays intermédiaires entre l'Inde & la Perse. Tribut annuel	200
Dix-neuvième Satrapie. — Il en faut dire de même des	

	Talens d'argent.
Tibarenes, des Mosques, des Macroses, &c. qu'Hérodote place dans ce Gouvernement, & qui étaient taxés à	300
VINGTIÈME SATRAPIE. — Darius l'avait formée de la partie de l'Inde que ses Généraux avaient subjuguée, & il l'avait taxée à 360 talens d'or ; à ne mettre le talent d'or, opposé au talent d'argent que dans la proportion vulgaire de dix à un, quoique des Savans distingués la supposent de treize, il s'ensuit toujours que le tribut annuel des Indiens était de. . .	3600

Tel est le tableau des impositions que Darius avait imaginées pour former le trésor des Rois de Perse. Maintenant, si l'on veut connaître la somme totale que l'Empire versait annuellement dans ce trésor, on trouvera qu'elle était d'onze mille trois cens quarante talens, qui, réduits à la valeur de notre monnaie, vaudraient aujourd'hui soixante-un millions quatre cens vingt-quatre mille neuf cens quatre-vingt-quinze livres, somme faible en comparaison de celles que les grands Etats de l'Europe moderne paient à leur Souverain, mais très-forte pour ces siècles reculés, à cause du peu de progrès qu'on avait fait dans l'art d'exploiter les mines, & du peu de numéraire qui était répandu sur la surface du globe.

Ce qui prouve la justesse de mon observation, c'est que la plupart des provinces payaient leurs impositions en lingots; Hérodote dit que Darius faisait fondre l'or & l'argent qu'il recevait ainsi, & en remplissait des vases d'argile qu'on brisait aussi-tôt qu'ils étaient remplis; il ajoute que ce Prince attendait qu'il fût nécessaire de faire circuler dans le public de nouvelles espèces pour convertir en monnaie ces masses inertes d'or & d'argent (*a*). Des impôts payés en lingots,

(*a*) Hérod. *loc. citat.*

une

une fonte inutile ordonnée par le Prince uniquement pour changer ces lingots en masses, la plus grande partie de l'argent de la Perse enfouie obscurément dans le palais des Rois : tout cela prouve assez, dans l'Empire dont l'Histoire nous occupe, l'enfance de la politique, des arts & de la raison.

Cet argent en lingots, que les Rois de Perse tiraient de leurs peuples, n'était pas toujours employé aux besoins de l'Etat ; les Despotes qui succédèrent à Darius, donnèrent, à leur gré, les revenus d'un pays, ou même d'une Satrapie pour satisfaire au luxe d'une courtisanne ; le désordre des finances royales fut même porté à un tel point, qu'il y avait des villes dont les revenus étaient employés à la parure de la concubine favorite du Monarque (*a*). Ce qu'il y a de plus étrange, c'est que dans la Chancellerie

(*a*) Cicer. *in verrem*, *Orat.* 5.

de Perse, on donnait, aux pays soumis à ces taxes humiliantes, le nom de la parure même dont leurs tributs représentaient la valeur. Platon parle d'un Ambassadeur qui mit un jour entier à traverser une contrée qu'on appellait la *Ceinture de la Reine*, & presqu'autant à arriver aux frontières d'un pays qui portait le nom de sa *coëffure* (*a*).

Outre l'argent des impositions, les Rois de Perse recevaient encore de leurs sujets des présens (*b*); cet usage, qui remontait à la plus haute antiquité, avait sur-tout lieu, quand les Monarques voyageaient; le Perse, qui aurait vu son Souverain passer sur le champ qu'il cultivait, & qui ne lui aurait pas offert du moins les prémices de ses fruits, se serait couvert d'un opprobre ineffaçable. Un pâtre nommé Sinetès, qui n'avait hérité de ses

(*a*) Voyez son dialogue d'*Alcibiade*.

(*b*) Elien, *Hist. var.* lib. 1, cap. 31.

pères que l'indigence la plus profonde, sçut que le second Artaxerxe s'approchait de sa chaumière; désespéré de ne pouvoir satisfaire à la loi, il court vers le fleuve Cyrus, y puisse de l'eau dans ses deux mains, & vient la présenter au Monarque; Artaxerxe, au travers des haillons qui couvraient Sinetès, apperçut son ame. » Bon vieillard, lui dit-il, je ne dé» daigne point ton hommage; cette eau » m'est chère, puisqu'elle a été puisée » dans un fleuve qui porte le nom de » Cyrus «. Le lendemain, le Prince envoya à Sinetès de riches présens, & surtout un vase d'or, pour y boire à son aise de l'eau du Cyrus.

Darius, après avoir imaginé ses institutions fiscales, remit en vigueur les anciennes loix, qui tendaient à la tranquillité & au bonheur des peuples; il encouragea la population, & voulut que le citoyen, qui avait un grand nombre d'enfans, fût aussi considéré que le guerrier qui s'était distingué par un grand nombre d'exploits ; il veilla à l'éducation nationale, & les pères eurent ordre d'apprendre, sur-tout, trois choses à leurs enfans, à tirer de l'arc, à gouverner un cheval, & à dire la vérité.

Une des grandes réformes du Législateur, fut celle qu'il opéra sur les tribunaux ; la justice avant lui était souvent vénale, & presque toujours arbitraire, & voilà un des grands inconvéniens du gouvernement absolu ; quand le Trône est occupé par un Despote, toutes les places de l'Etat le sont par des Despotes subalternes ; le désordre, en ce genre, avait été porté si loin sous Cambyse, qu'il avait réveillé l'attention du Gouvernement ; mais le Prince n'avait trouvé, dans son ame féroce, qu'un moyen de prévenir de pareils abus ; c'était d'ordonner qu'on écorchât un des Juges prévaricateurs, & qu'on tendît sa peau sur son tribunal pour l'exemple de ceux qui auraient l'audace de lui succéder (*a*). Darius plus juſte, mit de la proportion entre le délit & la vengeance; il voulut que tout Magiſtrat convaincu de s'être laiſſé corrompre, réparât le dommage qu'il avait cauſé, fût caſſé & flétri; il lui ſuffiſait même qu'un Juge fût accuſé par la voix publique, pour que ſa place lui fût ôtée; & en effet, dans tout Etat bien adminiſtré, l'homme de loi, qui ſe voit l'arbitre de la fortune, de l'honneur & de la vie de ſes concitoyens, doit être comme la femme de Céſar; l'intérêt des peuples demande non-ſeulement qu'il ne ſoit pas coupable, mais encore qu'il ne ſoit pas ſoupçonné.

Je trouve, dans cette légiſlation de Darius, des inſtitutions qui ne m'en paraiſſent pas moins admirables, quoiqu'elles ne ſoient pas dans nos mœurs; telle eſt la loi qui faiſait un délit civil

(*a*) Hérodot. *Therpſicor.* ou lib. 5.

de l'ingratitude (*a*); telle eſt celle qui voulait que dans l'examen de la vie d'un accuſé, on fît paſſer en revue également les ſervices qu'l avait rendus à l'Etat, & les crimes dont il s'était rendu coupable; le Juge inſtruit avait alors la liberté de condamner ou d'abſoudre, ſuivant que le mal ou le bien emportait la balance. Darius donna, à cet égard, un grand exemple à ſes tribunaux. Un Magiſtrat venait d'être condamné au ſupplice, pour avoir prévariqué dans une cauſe majeure, & le coupable, avant ce délit, avait *été* long tems le bienfaiteur de ſa province; le Monarque, pour lui faire expier le crime de ſa prévarication, permit qu'on l'attachât à la croix; enſuite ne ſongant plus qu'aux ſervices qu'il avait rendus à la patrie, il le fit délier, & lui rendit ſa liberté, ſa femme & ſa fortune.

(*a*) *Ammian. Marcell.* lib. 3; on pourrait citer auſſi Xénophon, mais je ne regarde point comme une autorité le Roman philoſophique de la Cyropédie.

Darius, par la douceur de ſon caractère, ſemblait né pour être le Légiſlateur de ſa nation; quoique Deſpote, il n'aimait point à ſe venger, & on s'en apperçut aſſez dans le tems de la conſpiration d'Aribaze. Ce Satrape d'Hyrcanie, de concert avec de grands Seigneurs de la Cour de Perſe, avait tramé d'aſſaſſiner le Roi dans une partie de chaſſe. Darius, inſtruit du complot, va au rendez-vous, & commande à Aribaze de monter à cheval, & de tenir ſa lance en arrêt. *Eh bien*, dit le Prince, *me voilà, qu'attens-tu pour m'aſſaſſiner?* Cette intrépidité déconcerta le Satrape; il deſcendit de ſon cheval, & ſe proſterna, avec les conjurés, aux pieds de Darius; le Monarque ſe contenta d'exiler les uns vers les frontières de l'Inde, & les autres dans la Scythie (a).

Il eſt étonnant que Darius, avec cette

(a) Elien, *Hiſt. var.* lib. 6, cap. 14.

humanité, n'ait pas songé à rendre les supplices de la Perse moins atroces; nous ayons vu fréquemment dans cette Histoire des coupables mis en croix, d'autres écorchés vifs, par l'ordre des successeurs de Cyrus. Voici un nouveau genre de supplice, de l'invention de ces fléaux de l'espèce humaine, sur lequel ma plume s'arrête à regret; mais ce trait servira à prouver, que quelque mal qu'on ait dit du despotisme, il sera toujours impossible de le calomnier.

On construisait deux bateaux d'environ, six ou sept pieds de long, destinés à s'emboîter l'un avec l'autre; la victime était placée sur le dos dans l'intervalle des planches, & on ménageait au bateau supérieur des ouvertures par où passaient ses pieds, ses mains & sa tête; on le forçait à manger dans cette horrible posture, afin de prolonger son supplice, & les bourreaux, à cet effet, lui enfonçaient des pointes de fer dans les yeux; le coupable vivait ainsi dans des tourmens inexprimables pendant plusieurs jours. Plutarque dit même (& j'ai peine à le croire) que Mithridate, à qui on fit subir ce supplice pour avoir assassiné le Cyrus, frère d'Artaxerxe, respirait encore au bout du dix-septième; les deux bateaux ayant été désunis après sa mort, on trouva toute sa chair consumée, & un nombre incroyable de vers qui rongeaient ses entrailles (*a*).

Malheur aux peuples qui, comme les anciens Perses, & les modernes Japonais, ont besoin de ces supplices atroces pour servir de frein aux grands criminels! Le bien passager que procure ce système politique de terreur, n'est rien en comparaison du mal durable qu'il fait à une nation, en donnant à ses mœurs la férocité de ses loix; ce mal est si grand, qu'il peut dénaturer, à la longue, les devoirs qui lient le citoyen à l'Etat qui l'a vu

(*a*) Plutarch. *in vita Artaxerx.*

naître, & faire consister son patriotisme à désirer qu'un Conquérant renverse son Trône, & anéantisse son Gouvernement.

Fin du Tome premier de l'Histoire des Perses.

TABLE
DES CHAPITRES
DU TOME PREMIER
DE
L'HISTOIRE DES PERSES.

TABLE

DES CHAPITRES.

TABLE

Fin de la Table des Chapitres.

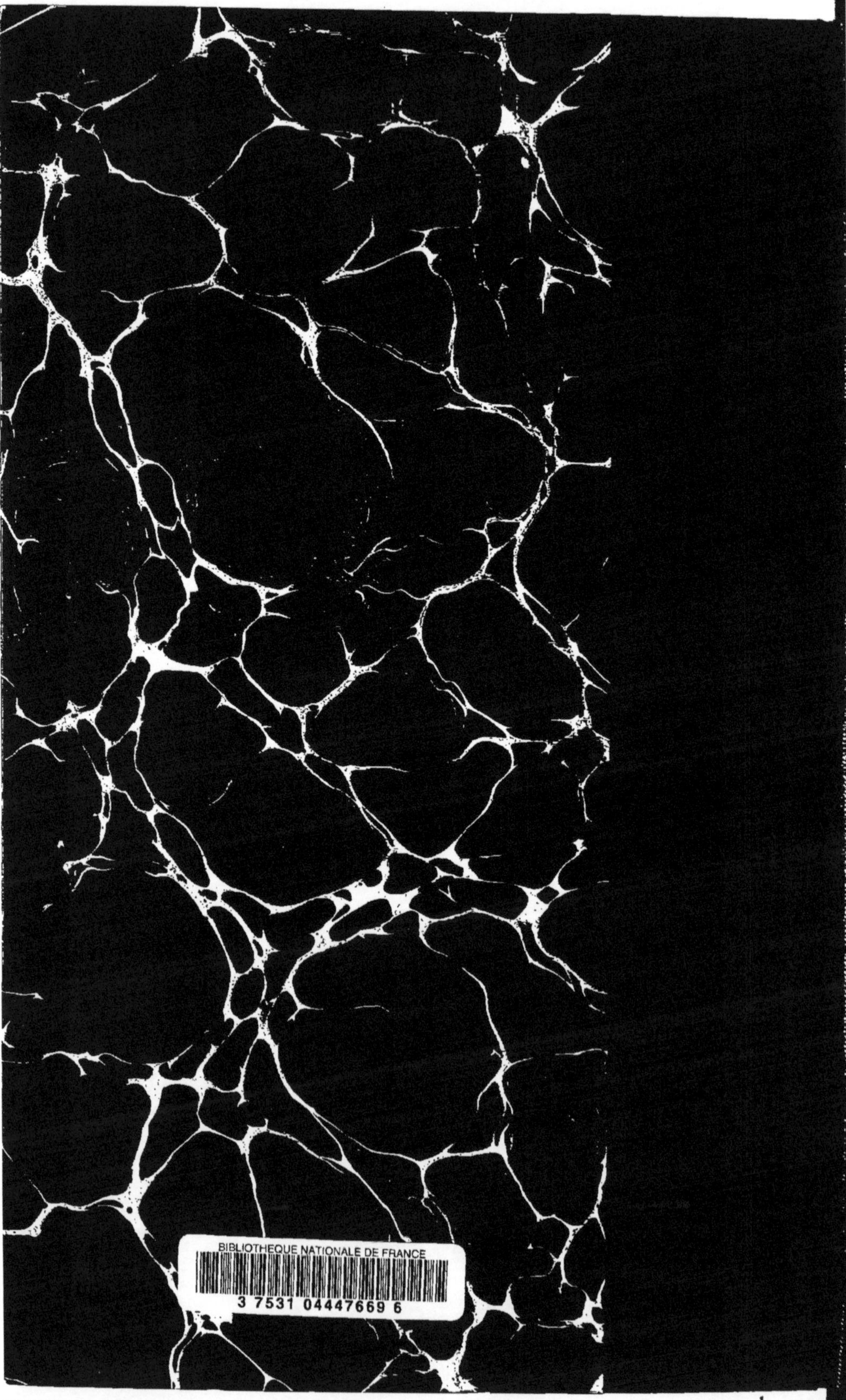
BIBLIOTHEQUE NATIONALE DE FRANCE
3 7531 04447669 6